别说你懂员工培训

老HRD为你独家传授培训要诀

陈蔚 著

中国法制出版社
CHINA LEGAL PUBLISHING HOUSE

前言

PREFACE

作为一个从事培训工作 20 多年的管理者，总想通过一个渠道将自己 20 多年的培训感悟、经验、教训及所得梳理一下。与中国法制出版社结缘帮我圆了这个梦。从培训的执行者到组织者，再到培训的设计者和管理者；从做渠道培训到做企业内训，再到为最终客户提供定制化的培训和咨询；从国有企业到外资企业，再到民营企业，这些经历让我深刻地意识到，不同的企业、不同的企业文化和不同的发展阶段，业务对培训的要求也都不尽相同。一句话，做培训的要“识时务者为俊杰”，重培训效果而非培训内容，重培训体系的建设而非培训项目的实施。

在这 20 多年的时间里，培训这个行业已经发生了天翻地覆的变化。最初的培训是以内容为中心，因为那时候大家缺的是理念，任何一个新鲜的管理理念、思想或方法，任何一个好的课程都能产生持久的影响力；后来发展到以讲师为中心，一些讲师、大师或大腕一票难求，动辄就是上千人的大场，盛况空前，参训者们往往是会前心动，现场激动，但回去能否行动则不得而知；而现在，则更加强调以学员为中心，新时代的员工无论从知识面上还是见过的培训形式上，都远远超乎我们的想象，如果培训的内容设计和实施形式没有考虑他们的感受，他们很快就会拿出手机看微信或刷朋友圈，根本不在乎是谁讲课，讲的是什么内容。所以，要想做好培训，培训管理者和讲师无疑面临前所未有的挑战。但万变不离其宗，从培训的本质出发，所有的培训最终都离不开两个层面：提升员工能力和促进业务发展。作为培训管理者或有培训职能的业务管理者，只需要抓住这两个重点方向，以终为始，无论培训的内容、形式和技术怎么变，都是为这两个方向服务的工具。

回顾这 20 多年的培训之路，那些自己曾经花了无数心血所做出的表格和总结的不同方法，随着时间的推移已经变得越来越不重要了。但是，培训的流程制度和理念却在我的脑海里越扎越深。以前我对培训的流程制度总是嗤之以鼻，认为那就是文字游戏，有人写，没人看，更不会有人去用。现在回想起来，培训工作之所以裹足不前、问题反复出现和管理混乱都是源于大家对流程制度的漠视，培训管理者没有真正地把流程制度用起来。随着时代的变迁和技术的进步，培训的理念变得越来越清晰，培训部门的人员要越来越贴近业务才能做好工作，课程体系的内容要越来越有针对性才能起到落地的效果，培训实施的效果只有被越来越多的业务部门认可才算成功。

除了理念和流程，影响培训工作的还有三个很重要的因素，形象地说，就是天时、地利、人和。天时在一个企业里，可以理解为最高决策者，如果最高决策者重视培训，甚至把培训部门单独从人力资源部拿出来成立企业大学，直接向总经理或董事长汇报，这样的培训部门肯定会被委以重任，无论是投入的资源还是对培训的定位，相对都会有所保障。反之，如果培训工作没有进入最高决策者的视野，公司还没有重视人才的培养，那么即使培训部门做得再多，培训也很难有所建树。地利在企业里象征着企业发展所处的不同阶段，如果一个企业正处在生存期，百废待兴，而且产品和业务模式还处在不断摸索的阶段，这时候花人力、物力去做培训只会起到事倍功半的效果，因为培训内容很难聚焦，而且变化太快，不容易形成知识沉淀。同时，参训人员的稳定性也是一个关键问题。所以，选准企业发展阶段的时间点，适时地开展有针对性的培训非常重要。最后一点人和是员工对培训的参与和认可是培训能否产生效果的关键。培训管理者要形成一个好的培训机制，让员工既是受训者，同时又可以是授课者，一定要发展大量的内训师和认证课程。这一点非常重要，很多企业的培训感觉始终做不起来，就是因为没有成体系地开发自己的内训课程和培养自己的认证讲师，所以如何获得内部员工的支持也非常重要。

本书共分为五个部分：问道、寻法、正术、善器和顺势，详细地介绍了培训部门如何做好定位，如何确定培训目标，如何建立有效的流程制度，如何更好地服务学员，如何更有效地管理培训团队和如何为业务提供有效的支持。在最后一章，还对培训未来的发展趋势做了初步的分析和判断。在书中，各章都是以实操方法的论述为主，通过图形或图表等形式向大家做系统的介绍。在编写的过程中，我也得到了业界众多老 HRD 的支持、指点和帮助，在此一并对他们表示衷心的感谢！希望这些观点和理念能对读者有所帮助。

陈蔚

目录
CONTENTS

第一部分　问道——看清方向很重要

第三部分　正术——师资和评估很关键

第四部分 善器——管理提升，效率有保证

第一部分
问道——看清方向很重要

作为一个培训管理者，能够清晰地把握培训部门的定位和发展方向是至关重要的。先懂得为什么做培训，才能确定做什么培训，继而知道应该在什么时候怎么做培训。

如果不了解为什么做培训，即便再辛苦，付出再多，最终也只会落得“只有苦劳，没有功劳”的处境，有时甚至会适得其反。所以，对于任何一个培训管理者来说，首先得和上级管理者甚至是最高管理者明确他们对培训部门的定位和期望，以此来确定培训部门的远期发展方向和近期目标，基于此方向来搭建培训部门的人员架构，并制订相应的工作计划。

在实操过程中，有时上级管理者的思路会发生转变，其中的原因比较复杂，可能是因外在环境的改变，也有可能是因培训管理者的表现与上级管理者的期望有所差异，但无论是哪种原因，培训管理者此时都决不能只是盲目地跟从，一定要去了解上级管理者思路转变背后的真正原因，因为看清方向比什么都重要，只有先看清方向，后面的执行才会有意义。本部分将从明确理念、使命愿景和目标驱动三个章节进行阐述。

第一章

明确理念

——为什么做比做什么重要

本章导读

理解为什么做培训远比做什么培训要重要，前者是方向，后者是执行。到底应该如何理解培训？怎样做培训才会更加有效？如何衡量培训的价值？本章我们将逐一了解。

培训项目的设计要关注企业的痛点：要么是企业亟待解决的问题，要么是企业期望改进的方向。培训的效果不能仅仅停留在知识层面，还要转化到学员的行动中去，在这个过程中要学会借助别人的资源来补自己的短板，同时也要给别的部门体现价值的机会，为以后更多的合作奠定良好的基础。

为了确保学员能够真正地学到知识，讲师在授课前一定要了解学员的培训需求是什么，然后有针对性地调整授课内容，在上课时也要加强与学员的互动，课后还要通过在培训制度中建立相应的培训跟踪机制来确保学员能够学以致用，完成从有用到有效的转变。

1.1 追根溯源：到底如何理解培训

我们经常看到培训部门在做年终总结时，喜欢把一年做了多少场培训，有多少人参加了培训等指标作为衡量培训部门年度绩效的标准。我们并非完全否定上述行为，但我们可以假想这样一种情况，某企业当年的参训人数很多，培训覆盖率也很高，但企业因员工执行力差、管理混乱等因素业绩并不好，那么这家企业的培训还能算成功吗？显然，这让人觉得尴尬。但也有人会说："十年树木，百年树人"，培训的效果无法立刻体现，而且"师傅领进门，修行在个人"，所以培训只要坚持做就可以了。如果抱着上述想法来做培训，除非培训的上级管理部门有足够的耐心，否则，我相信这家公司对培训部门的支持会越来越弱，培训经费的预留也可能越来越少。因为从结果上看，培训似乎成功了，但企业并未成功，这对最高管理者来讲是不能接受的。所以，培训部门的话语权也会越来越弱，这样往下做，培训是不可能起到应有效果的，也注定无法助力业务的成功。

1.1.1 何为成功的培训

培训管理者往往对培训的理解有所偏差，只把培训当作事务性工作来安排，尽管在培训的整个实施流程中也有了解学员的需求和课程设计等环节，但只要最后重心落在了知识的传递上，就可能会落得"培训前心动，培训中激动，培训后不动"的尴尬局面。所以，作为培训管理者，如何理解和定义成功的培训很重要。

那么，如何理解和定义成功的培训呢？我们先来看两段话，这两段话都曾被认为是出自美国著名学者唐纳德·L·柯克帕特里克（柯氏四级评估的创始人)。这两段话是对培训师的一个看法，但只有其中一段话才是唐纳德·L·柯克帕特里克的真实想法，另一个是世人的误解。

培训师必须首先确保学员学到所需的知识，而且还要得到他们的认可。然后期望借助他们必要的态度、知识和技能，带来预期的行为改变，实现业务目标，最后达成期望的业务结果。

培训师必须首先确定期望达成的业务结果，然后才能确定实现这些目标所需要的行为改变。接下来，培训师必须确定必要的态度、知识和技能，以便带来预期的行为改变。最后的挑战是如何将培训课程呈现出来，不仅能够让学员学到所需的知识，而且还要得到他们的认可。

如果你认同第一段话，就会重蹈我们一开始谈的情况。因为第一段话中培训师把焦点放在了学员所学的知识上，对于学员行为的改变，只是期望他们改变，而没有通过有效的培训措施来保障。这样的培训实施成果只能是这个培训师一年开了多少次课，有多少学员上课等指标。

而第二段话则不然，培训师首先想到的是要通过培训达成什么样的业务结果，然后用这个结果反推出实现结果需要的行为改变，然后再把实现行为改变作为培训的目标来设计。这样设计出的培训项目或课程会更有针对性，至少这样的培训实施成果对业务的帮助会更直接，即便业务可能因为其他原因没有做成功，但业务人员往往也会思考他们做得不到位的地方，而不会认为培训内容华而不实，太过理论，等等。所以，第二段是唐纳德·L·柯克帕特里克对培训师的真实期望，同时也是我们对成功培训定义的起点。

一个好的培训必须要关注学员行为的改变，因为只有行为的改变，才会对绩效结果产生影响，培训才会起到积极作用。所以，一个成功的培训一定要基于学员行为改变而设计（柯氏评估第三级），而不能单纯基于学员所学知识技能（柯氏评估第二级）而设计。关于柯氏四级评估的介绍，我们会在第九章中提到。

综上所述，培训管理者需要对培训工作有一个清晰的理解。培训部门不应该是一个组织培训实施工作的事务性部门，而应该紧跟公司战略发展方向，能够看到公司发展对未来人员能力的要求，并且了解业务部门和员工的现状以及存在的问题，围绕具体问题和学员具体行为的改变去设计课程和培训形式，找合适的讲师来实施，为成功的培训打下坚实的基础。

1.1.2　在课堂中如何实践培训

有了基于学员行为改变而设计的培训，那么在课堂上如何有效实施呢？我个人认为，案例教学特别重要。在课程实施前设计结合企业实际情况的案例，预设待讨论的热点话题。因为学员只有在接触到类似自己工作的案例时，才会有所触动，有所感悟，有所转变。

我在公司里既负责培训的组织工作又负责讲授课程。刚开始我也是追求知识点的逻辑性和如何让学员接受这些知识点，一上就是一天到两天的课，结果上了很多课后，发现很多学员的问题依旧存在。因为他们一回到现实工作中，就会被他们固有的思维模式和不利于他们改变的工作氛围所束缚。后来我调整了授课内容和授课方式，在上课前，先了解授课学员有什么具体的共性问题，然后围绕具体问题和具体行为的改变去设计课程，然后再加入一些工作中接地气的案例。

上课时我不是先讲理论，而是先给学员还原一个工作中似曾相识的案例，然后让他们来分组讨论，分析在这个案例中，谁做得好，谁还有改进的空间，为什么会出现这样的问题，建议如何解决。用一个贴近他们工作的案例场景先将他们的学习兴趣调动起来，然后我再结合他们的问题讲解相关的知识点。我发现，在分析场景案例之后再讲解知识点，学员更容易理解知识点。这样的培训往往需要约 2 个小时，就着重解决一个问题，讲完知识点，再让学员去做练习，再给他们一个案例场景，看看他们会怎么做，然后围绕他们行为的改变再做点评。但是，在很多时候，即便用这种方法，只讲一个知识点，而且讲完后马上就做练习，利用他们熟悉的工作案例，有些学员也还是会犯老毛病，这时我会再用知识点去提醒他，让他现场再改进，直到看到他有所转变。

我深刻地领悟到成功的培训是多么不容易，但又是多么迫切！每当我看到那些参加完两小时案例演练的学员，很有感悟地与我交流他们的感受时，我看到了他们眼中的喜悦，我也看到了他们对自己的觉察。因为他们的成就感，我才觉得培训只有这么做下去才有意义。只有学员的行为发生改变，部门和公司的绩效才有可能发生改变。作为一个培训部门的负责人，不仅要让培训紧贴业务，而且要关注员工行为的转变。只有员工实现绩效目标，公司完成业绩，培训才算成功。如果公司没有完成业绩，那就应该去发现问题、分析问题，想办法让员工的行为发生改变，这才是培训部门应该做的事情。因为员工参加培训而导致行为的转变给公司带来业绩的达成，这才应该是对培训的深入理解。

1.2 定位要清：有所为，有所不为

如果你问我，到底做什么样的培训才最有效？我的回答只能是：先做好企业最需要的培训。而搞清楚什么是“最需要的”绝非易事，更别说如何做“最需要的”培训了。做培训不能人云亦云，眉毛胡子一把抓。在企业发展的不同阶段，培训会有不同的定位。作为培训管理者，其实我们并不需要做很多培训，只要少做无效的培训就行了，找准定位，有所为，有所不为。天下没有两家一样的企业，所以天下也没有两种一样的培训定位。

1.2.1 抓住主要矛盾凸显价值

我们都知道，如果按照事情的重要紧急程度划分，培训在大多数情况下属于重要而不紧急的事。因此，很多企业的高层领导虽然嘴上都说非常重视培训，但事实上并没有把关注的重点放在培训上。这其实不能怪高层领导，相反，作为培训管理者，我们要去反思，为什么我们就不能通过培训，帮助企业解决一些重要而又紧急的事情呢？其实这里面有两个问题：一是能不能找到企业当前的痛点；二是有没有足够的能力来解决。

那么，如何找到企业当前的痛点？痛点要么是企业亟待解决的问题，要么是企业期望改进的方向，从这两点入手，方向大体不会错。企业亟待解决的问题有很多，一定要先根据自己对企业的熟知程度，选择一个自己有能力深入分析的问题入手，分析可能导致这个问题发生的原因有哪些方面，又有哪些方面可以通过培训的方式来加以辅助解决。如果可通过培训方式解决的问题较多，则一定要分阶段，有先后、有重点地逐个实施，否则哪个也做不好。企业期望改进的方向往往可以从公司的年度计划、季度会议、月度会议或高层领导在内部和外部的一些讲话中去发现，有时在向领导汇报工作的过程中，也能够听出他重点关注什么，期望改变什么，总之能及时发现高层领导关注的改进点是培训管理者一个非常重要的能力。其次，就是要考虑自己有无资源或有无能力解决这个问题。这里需强调的是，不要总想着自己把全部事情都搞定，一定要借助一些本部门之外的资源来解决问题。最后，最关键的一步，必须得到自己主管领导的认可，因为很多时候，我们的视角和领导不同，信息也不对称，如果盲目决定就很容易做出力不讨好的事情。另外，在借助外来资源方面，也可以听听主管领导的建议，他们往往会给我们更好的思路。

我之前在一家企业负责内部培训，初到企业时，由于之前既没有成体系的课程，也没有内部训师队伍，我觉得到处都需要培训，新员工、科室人员、销售部门、管理人员等都亟须开发相应的课程，培养或引入外部讲师来授课。那时心急，眉毛胡子一把抓，没有找突破点，做了一个很大的课程开发计划和内训师认证计划，结果大半年下来，投入精力不少，却未达到预期效果。后来在和上级领导的不断沟通中，逐渐发现了公司在培训对象上还是希望先解决管理人员的培训，因为他们的思路转变和行为转变对公司影响更大，但目前他们并未接受过系统的培训，有了这个主要矛盾，我立刻调整了工作重点和计划，同时也邀请很多高层领导来为管理人员做内部分享和培训，不到半年，培训的效果有了明显的提升，而与此同时，其他针对新员工、科室人员的培训也有序进行，只是降低了实施频次或按计划延后实施，这样培训有了重点和节奏，工作起来也就更加顺手了。

1.2.2　借助其他资源来补短板

在制订培训实施计划的过程中，一定要明确培训可以解决什么问题，哪些问题必须要通过其他部门的协作来完成。培训往往是从改变员工行为所需的知识技能角度入手，但最终学员从知到行的转变还会受到公司制度、工作界限、激励政策等其他因素的影响。比如，我们为某部门搭建部门内训课程体系，用于该部门员工的内部培训。如果此时我们只将焦点放在找几个开发该部门教材的人身上，然后成立一个项目组，按计划的时间把教材开发出来的话，结果往往是尽管教材编出来了，但会受到部门负责人和很多学员的质疑，而且内容还要经常修改。原因出在开始设计课程体系内容时，没有考虑要引入更多的资源来弥补项目组成员能力的不足。

那该如何做呢？首先要借助该部门负责人的资源了解他对内训课程体系的期望，希望内训课程体系解决什么问题，有什么样的激励手段可以激发大家的学习兴趣，部门负责人能够提供什么样的资源（人和时间）来支持此事；同时还应咨询人力资源部门对员工的职业发展通道有无相关规定，如有应该在课程体系架构时予以考虑；另外还应了解该部门员工需要掌握哪些跨部门的知识，提前与对应的部门联系，借助他们的资源，并得到他们的支持，只有这样，才能起到事半功倍的效果。

做任何一个培训项目，首先要考虑的就是培训部门在这个项目中要起到什么作用，这个项目要达到什么目的，单靠培训部门能否达到目标。培训项目覆盖的人员越多，就意味着需要借助更多的资源来支持。比如，后备管理人员培养项目，培训部门可以设计出不同的培训课程来提升后备管理人员的能力，但重点要提升哪些能力，这些学员已经具备哪些能力，则需要人力资源部门在选人时就给出明确的方向。在设计培训内容初期，还需要向人力资源部门了解清楚项目结束时学员需要具备何种能力才能达到晋升标准，培训部门不能想当然地假想一些欠缺的能力来进行培养；另外在培训期间，如何验证学员在参训后的工作表现，也需要借助各学员部门领导的反馈与支持才能做到。

借助不同资源的支持，不仅可以弥补培训部门在师资、内容和人力资源上的不足，帮助培训部门全面、有效地达成培训目标，还可以体现别的部门的价值，为今后的更多合作奠定基础，让培训成为一个与各部门实现共赢发展的平台。

1.3　以终为始：不仅要有用，更要有效

培训的“有用和有效”其实是从两个维度展开的。一个是解决学员当下遇到的问题，即有用。还有一个是从机制上解决学员长远运用的问题，即有效。我们知道，员工学习的过程经历了从不知到知，从知到行，从行到行为成功

三个阶段，只有学员全部完成了上述三个阶段，才真正做到了从“有用”到“有效”的转变，但并非所有的学员都能完成这一转变。

1.3.1 有用、有效才是培训“真经”

有用和有效看似一字之差，实际上从培训的效果来讲，对企业的价值可谓相差千里。我们组织培训，最希望看到的就是员工参加培训后在绩效上能体现出来，但往往员工能掌握好所学的知识点就很不容易了，更别说在绩效上体现了。要想让学员觉得有用，首先培训管理者在开课前务必先做课前需求调查，或者了解学员急需掌握的知识点，然后据此来安排课程内容，确保学员课后有所收获。比如，我们给销售人员培训销售技巧时，在课前一定要了解参训学员目前具备的销售技巧水平，并根据学员完成当年业绩对技能的需要，确定还需要提升哪些方面的技巧，然后再提供有针对性的培训内容。但仅仅做到这一点就能让学员的销售技巧提升吗？显然还不够。我们还需要借助一些课堂练习来加深学员对内容的掌握，比如某个销售表格的具体填写，或模拟一个业务场景看销售人员是否能够运用所学知识处理业务。如果参训学员认为所讲知识内容对实际工作有帮助，再经过课堂的模拟演练，基本上就可以达到从不知到知这个水平了。

那么走出课堂，学员是否会马上应用呢？这个环节往往也是从有用到有效最关键的一步。有些学员认为，培训师讲的都对，演练的方式也挺好，自己在课堂上也积极参与练习，也觉得所学有用，可回到真实的工作环境中，依然觉得用不上。这是为什么呢？其实这主要是因为学员在信念层面并不认可所学内容，认为所学知识“不可能”用于实践。如果学员这么想，那么即便他再有能力，也无法完成从有用到有效的转化。这里有必要引入一个非常重要的概念：人生理解层次（参见图 1–1），来说明这个问题。

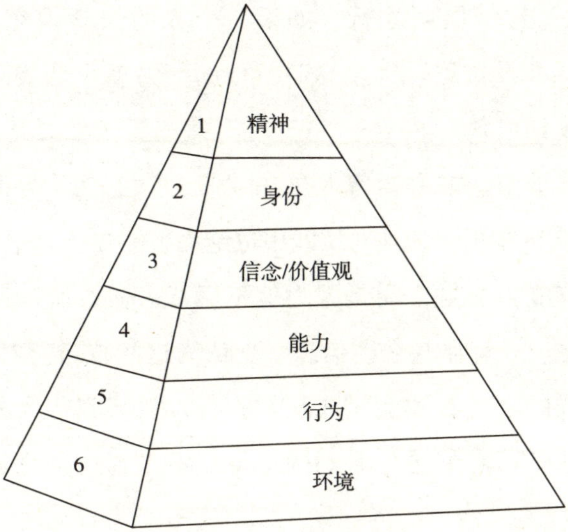

图 1-1　人生理解层次

人生理解层次共有六个层次，它告诉我们，任何一个低层级的问题都必须在上一个层级才能找到答案。比如，当我们想改变周边“环境”时，必须在“行为”这个层面有所改变。再比如，当一个员工的绩效出现问题时，即在“行为”层面出了问题，那就必须去上一个层级——“能力”这个层级找答案。是不是因为员工不会做而导致的绩效不理想呢？如果是，那么通过提升该员工能力就可以解决这个问题。那有没有这种情况，员工的能力没问题，也会做，可依然绩效不好，这该怎么分析呢？那就继续往上走，到“信念 / 价值观”这个层级寻找答案。在这里如果出现问题，通常是员工能力上没问题，但价值观和企业或团队不合，导致员工的绩效不理想。也就是我们常说的主观意愿性不够。所以，从下往上一层层分析原因，总能找到问题的根本所在。上面三个层次“精神”“身份”“信念 / 价值观”属于人的潜意识层面，下面三个层次“能力”“行为”“环境”属于人的意识层面。我们做任何事情都脱离不了潜意识对我们的影响。人生理解层次告诉我们，分析一个人真正的改变至少要到潜意识的最底层——

“信念 / 价值观”这个层面才行。如果一个人的信念中充满了“没可能、没能力、没资格和没意思”等信念时，他的能力就无法展现出来，自然在行为上也很难收到成效。

在上面的例子中，如果销售人员在“信念”上就认为课堂上教的东西“没可能”用到实践中去，那他在实践中也绝无可能在行为上有任何改变。这并非因为他没有能力去做，而是因为他不愿意去做，所以所学知识无法进行“有效”转化。只有那些在“信念”上认为这些技巧会对自己产生帮助，愿意去尝试实践的学员，才能完成从知到行，从行到行为成功的转变。而这也是我们培训管理者最希望看到的结果，不光要让学员觉得有用，还要让他们觉得有效。

1.3.2 有效取决于长效的机制

可能有人会说，对于那些在信念上认为没有用的学员就没有办法了吗？难道培训最后的效果是取决于学员不同的信念吗？当然不是。培训管理者完全可以通过两个方面来解决问题。

首先，就是要摸清学员的领导对培训的内容是否认可。因为如果管理者不认同，学员对知识掌握得再深，却因在日常工作中得不到实践，过不了多久也会忘掉。比如，我们在课堂上给销售人员讲授的是一套方法，而在实际工作中，领导却用另外一套方法来要求销售去执行，培训是否有效可想而知。

其次，就是要靠建立培训效果转化的机制来解决这个问题。我们相信，只要学员在实践中去运用，就一定会有收获，无非就是收获多少不同罢了。所以，培训管理者可以要求学员在课后每人必须将所学技巧用于工作实践，并将实践结果作为作业提交，由培训管理者组织实践结果分享活动，将原来由个人喜好决定是否应用于实践，转为由机制来决定。“先僵化、后优化、再固化”是华为公司行之有效的管理方法，这里通过一个课后反馈作业和分享活动来要求学员，也是希望大家在实际工作中先僵化去用，再将所学知识与具体问题相结合，对知识点的运用进行优化，最后固化成适合学员自身特性，且行之有效的方法。

"理想很丰满，现实很骨感"，在实际操作中，大家也知道，如果只是对学员单纯地提出上述要求，往往未必会收到预期的效果，因为大家是否愿意按照要求去做又变成了意愿驱动，结果就是有些人会按要求提交作业或进行分享，而有些人会找各种理由不去做实践转化。为了鼓励那些按要求做的学员，我们还要想一些激励的办法，没有正激励，大家的转化动力就可能不足，但如果每次都这样做，又会给培训管理者增加预算支出。其实人都是趋利避害的，通常学员只会做要求他去做的，而不会做希望他去做的。所以，培训管理者要在"要求"这两个字上下功夫，使用得当，不但不需要激励措施，而且还能使培训效果转化工作更规范。通常我们的做法是，将对学员的要求写到培训管理规定中，在制度层面明确要求，比如在培训管理规定中可以要求，凡是讲师有课后实践转化作业要求的，学员必须按时提交作业，对于未完成作业的，每月按次扣发绩效奖金或将学员名单及他的上级领导一起在培训总结中进行公示，这样做是为了让学员和他的领导重视此事，了解什么是公司的规定，而且必须照章执行，否则要么是奖金受影响，要么是自己和领导的"脸面"挂不住。当然，这个办法的推行还需要公司文化的支撑，总之，在从"有用"到"有效"的转变过程中，培训机制的建立非常重要。

老 HRD 的智慧

培训项目的设计要关注企业的痛点：要么是企业亟待解决的问题，要么是企业期望改进的方向。培训的效果不能仅仅停留在知识层面，还要转化到学员的行动中去，在这个过程中要学会借助别人的资源来补自己的短板，同时也要给别的部门体现价值的机会，为以后更多的合作奠定良好基础。

为了让学员觉得培训课程有用，讲师在授课前一定要了解学员的培训需求是什么，然后有针对性地调整授课内容，在上课时也要加强与学员的互动，课后还要通过在培训制度中建立相应的培训跟踪机制来确保学员能够学以致用，完成从有用到有效的转变。

第二章

使命愿景

——决定培训该往哪里走

本章导读

为什么两个企业行业相同，规模同等，甚至地域也相同，但他们对培训的重视程度却完全不同？为什么有的企业会因为培训管理者的更换，时而重视培训，时而不重视培训？为什么有的企业无论培训管理者怎样更替，都能够一直朝着既定方向发展？其实，我们看一家公司的培训是否能持续有效地发展，只要向负责公司培训的最高管理者了解公司培训部门的使命和愿景就行。你会发现，很多公司的培训管理者无法马上说出自己培训部门的使命和愿景。

培训部门的使命意味着培训部门在公司存在的价值。所有的培训活动都应该围绕实现使命而展开，在没有使命感的情况下去做培训，用俗话讲就是——脚踩西瓜皮，遛到哪儿算哪儿。看似一年很忙碌，但因为没有基于公司战略的人才培养规划和培训体系规划，只能是救火式的培训。而愿景就是当使命达成时所呈现出的美好情境，虽然愿景一般都是可望而不可即的，但愿景所起的作用不容小觑，无论是对培训部门的人员，还是对公司领导，抑或是对参训学员，愿景都有很强的吸引力和凝聚力。而要想确定培训部门的使命和愿景，就必须和高层做充分的沟通与交流。

培训部门的使命和愿景对培训的定位和发展是最为重要的。万事开头难，无论是人力资源部下面的培训部门还是独立运营的企业大学，首先要与公司高层明确培训的大方向和培训在公司价值链中的位置。只有明确了方向，想清了愿景，策略的制定、团队的组建、制度的建设和项目的设计等行动才会找到依据。一个好的培训定位，不仅能为公司和行业培养人才，还会对参训学员和授课讲师起到很大的激励作用。所以，确定公司培训的使命和愿景至关重要。

2.1 高层视角：把握方向，实现价值

俗话说："做事不由东，累死也无功。"有些培训管理者认为，依靠自身过往的经验和专业技术水平就足以支撑起任何企业培训部门的管理工作。这种认识是错误的。因为不会有两个完全相同的企业，培训管理者即使在之前的企业做得很成功，但是换了另一个企业，依然需要从头开始，以往的经验只能起借鉴作用。培训管理者此时可以依靠或寻求帮助的就是公司高层，本小节的公司高层是指培训管理者须直接汇报的上级。因为只有他才能看清公司目前真正急需解决的问题，同时他也会主动思考公司未来发展的方向。培训部门到底该如何定位，到底该往哪里使劲，到底应该给公司带来什么样的价值，这些都需要与公司高层进行深入的探讨后才能确定。

2.1.1 从高层的角度看问题

培训的价值在公司发展的不同阶段会有不同的体现。无论企业目前发展到什么阶段，作为培训管理者，主动从高层的角度去思考培训的发展方向并和高层达成一致是非常有必要的。

但是并非所有的高层都具备对培训发展一目了然的能力。对于那些对培训并不十分了解的高层，我们要采取投石问路的方式，通过一个个的可选建议（注意和高层沟通应该多出"选择题"而非"填空题"）来不断与高层探讨，在探讨的过程中逐渐与高层统一思想，达成共识。这里可以尝试我在多年实操经验中总结出的三个字"近、视、眼"。这三个字分别代表了三个动作。

"近"：首先我们需要站在高层的角度，思考他认为当前（近期）人才培养最应该从哪些方面入手。这个动作最难，但也最为重要，如果不先明确当下

培训的工作重点，上来就谈使命和愿景是行不通的。如果能对“近”的问题准确分析，就能够获得高层的信任，进而我们就可以把视角放远一些，进入下一个动作——“视”。

此时，我们要尽可能地从我们理解的高层视角出发，对培训如何满足公司未来人才发展需要提出自己的建议。要注意在未征得高层认可和支持前，都只是建议，而且最好是提出 2~3 个不同的建议让高层来选择。这个阶段是能否获得高层进一步支持的关键，同时也是同高层探讨培训部门使命的最佳时机。至于能否和高层对培训长远规划达成一致，能否确定培训部门的使命愿景，我们不用纠结，因为使命和愿景有时需要细致的推敲和时间的发酵后才能得出。所以，无论和高管进行探讨后能否得出结论，当下的工作都不会受到影响，最后要回到当下，进入最后一个动作——“眼”。

眼前培训部门要做哪几件最重要的事，还是要和高层明确出来，但此时和第一阶段“近”谈的内容有可能已经有所改变了，经过第二阶段“视”的讨论后，高层对培训的看法或认为培训该发力的侧重点可能已经发生改变。等“眼”前的工作有阶段性成果后，如果之前没有确定培训的中长期发展规划，那么此时还是要找时间和高层再次探讨培训部门的中长期发展规划，这是培训管理者的必修课。有时你会发现，高层会在与培训管理者的不断往复探讨中，逐渐厘清他的思路，从而进一步提出对培训的定位和中长期发展规划的建议，达到“上下同欲”的效果。

对于那些对培训有很深理解的高层，我们需要做的就是执行。在执行前，一定要通过请教式的沟通充分理解高层的意图，然后做出计划快速执行，如果还是不能完全理解，那就先执行，在执行中慢慢理解。海尔集团首席执行官张瑞敏对人才培养就有其独到见解。在海尔大学创办初期，他强调海尔大学要成为海尔员工思想锻造的熔炉和能力提升的“黄埔军校”。因此，海尔大学在办学初期，就引进了很多家咨询和培训机构，对海尔的各级管理者轮番做培训，提升他们的能力。随着海尔集团由制造产品价值的企业转为制造创客价值的平台，张瑞敏对海尔大学的使命也进行了调整，增加了“聚焦创客加速培养，促进人人创客战略落地”等内容。及时从高层的角度看问题，了解高层的想法，并把这些想法落到实处，对培训管理者来说非常重要。

如果培训管理者不能站在高层的角度看问题，就无法在资源上得到公司高层的持续支持，而人才的培养并非一朝一夕就能办到，所以，培训管理者在确定培训策略前，一定要先明确公司高层对培训部门的定位和期望。

2.1.2　与高层保持持续沟通

由于外界环境瞬息万变，尤其在“互联网 +”的今天，企业战略可能需要不断地做出调整。这也就意味着，企业对人才的需求会不断发生变化。作为公司人才培养的主要负责人，培训管理者在与公司高层沟通时，要牢记三个要点：关注人，善思变，勤主动。

关注人。高层最关注的就是以下两类人：一类是关键岗位上的管理者或技术、销售人员，另一类是上述岗位的后备者。关注前者是因为这些人不仅是公司当下发展的主流动力源，而且他们的知识是否有效地被转化，他们是否能够带出更多的优秀人才，都对公司长远的发展起着至关重要的作用。关注后者是考虑到公司的业务会扩展，组织架构会变化，人员更迭会随时发生，必须提前做好关键岗位人员的储备。培训管理者在设计培训项目或向高层汇报工作时，一定要把人的要素放在第一位，多讲讲搭建的培训体系会覆盖哪些人，培训项目的设计是为了培养哪些关键岗位的人，通过项目的实施发现了哪些优秀的人才和表现一般的人员。你会发现，当我们提到具体人员在培训活动中的表现时，领导往往会表现出浓厚的兴趣，而他们对那些培训项目的实施数量或课程数量等过程指标，只是关注一下而已。

善思变。由于高层不断地通过调整内部资源以适应外在环境的变化，所以对组织能力、人员能力的要求随时都有可能发生变化。此时作为培训管理者，我们要做的不是找各种理由证明领导的想法如何不成熟，而是要善于适应变化，找到一条如何能结合当前实际情况去实现领导更高要求的可行之路，我们要相信领导的想法一定是从公司长远发展角度考虑的，况且有些信息在我们和高层之间是不对称的，高层没有义务也不可能把事情的全部告诉我们，我们此时要做的就是变不可能为可能，这才是高层请我们来做这份工作的原因所在。

勤主动。正因为高层的想法会不断改变，所以及时让高层了解培训的相关信息就变得尤为重要，因为任何一条有价值的培训信息都可能会对高层的决定产生一定的影响。培训管理者一定要主动汇报，不要等着高层要报告，那时就为时已晚了。要形成"三固定"的汇报模式，即固定时间、固定形式和固定模板。这里的"固定"是相对固定，但定期汇报这个工作是固定的。在汇报之前，先要确定汇报时间何时为宜、以何种形式进行汇报（邮件、书面、微信群）以及汇报内容模板（培训的进展、阶段成果和发现的问题，以及需要的资源支持）是什么。内容模板中的"发现的问题"尤为重要，它反映了在培训过程中，培训管理者对公司制度、学员工作状态和培训反思等方面的思考和建议，这个内容也是培训管理者得以和高层保持持续沟通的关键连结点。

做好以上三点就基本上能够保证与高层保持持续、有效的沟通。

2.2 着眼大局：从多维度系统思考

有一本书叫《基业长青》，书中提到"报时"与"造钟"的区别。说的是一家企业所有的产品和服务，不论当时做得有多好（即"报时"的功能），终究会过时。但是，一家高瞻远瞩的公司，只要有能力继续改变和创新（即具有"造钟"的功能），公司的产品和服务就不会过时和消亡。"造钟"更加注重基因的塑造。如果我们把这个概念引用到培训业务上，可以理解为：所有的课程、讲师和电子学习平台，不论当初的体系设计有多么先进，随着时间的推移终究会过时。但是，只要公司培训的使命、愿景是培养人才、为公司和行业输送人才，并不断在流程、制度和方法上创新，培训业务就不会过时，而且同样也可以“基业长青”。

2.2.1　对公司和行业的影响

既然是培训部门的使命愿景，那首先应该考虑的是这个使命能为公司带来什么样的价值。培训管理者要与公司高层保持持续、有效的沟通，要了解清楚公司中长期的发展规划，从而让培训部门的使命服务于此规划，而非短期的任务目标。

一个公司的培训使命不仅指明了公司培训的大方向，同时也明确了公司在资源配置上的支持程度。为了实现公司人才培养的长远目标，公司势必要投入相应的人力、物力来逐渐搭建自己的课程体系、讲师体系和运营体系，从而加快培训使命的完成进度。在搭建课程体系的过程中，我们要重点针对关键岗位来开发相应的课程，只有这样才能有助于公司快速培养人才；在搭建讲师体系的过程中，我们要考虑组建能够促使课程实施的相应规模的团队；在搭建运营体系的过程中，我们要考虑架构一个能促进公司培训工作高效运营的运营体系，并能支撑组织架构不断扩展的需求。这些问题都只有在公司具有清晰的培训使命之后，才能找到聚焦的源头。

公司的发展离不开行业的发展，在确定培训愿景时，还要考虑对所在行业的影响。随着公司的不断发展，我相信，任何一家公司都希望有朝一日自己能成为所在行业的“领头羊”。这就要求公司在发展过程中，不仅要随时关注行业的政策动态和发展动态，还要找到行业内的对标企业，把对标企业中先进的技术能力和管理水平作为公司人才培养的方向。如果公司已经是行业的“领头羊”，而且在人才培养方面已经积累了一些方法，那不妨拿出一部分内容在行业内的上下游企业或跨行业进行分享。这样不仅可以为行业培养更多有能力的人，把公司的知识变为一部分营业收入，更重要的是，还可以通过此方法来吸引更多的优秀人才加入公司，同时也加强了公司在行业中的影响力和领导地位。我曾经服务过的惠普商学院就是一个典型的例子。惠普商学院于 2001 年正式成立，其使命是分享惠普成功的管理经验，助力客户及合作伙伴人才培养，使其适应中国快速发展的需要。作为惠普全球唯一的商学院，我们把惠普内部的管理方法做成课程，为我们的经销商和行业客户提供培训，受到了一致的好评，同时吸引了很多优秀的人才加入惠普商学院，惠普商学院的业务也获得了前所未有的大发展。

另一个例子是国内知名企业京东方。京东方大学的使命是致力于挖掘和传承京东方基因的智慧资产，形成京东方特色的人才队伍培养模式，培养新一代领导者，加快关键专业人才的成长，推动公司战略目标的实现和产业发展。从这段描述中可以看出京东方非常重视管理者和专业人才的培养，在课程体系的搭建上着重内部知识的沉淀与分享，同时也着力打造具有京东方特色的讲师体系和运营体系，这些都体现了京东方大学的使命对公司业务发展及人才培养产生的积极影响。同样，对行业的影响是通过人的能力的提升推动公司战略目标的实现，从而推动行业的发展。所以，清晰的培训使命对公司乃至行业都起着非常重要的作用。

2.2.2　对学员和讲师的影响

培训部门的使命愿景对参加培训的学员会产生什么影响呢？试想一下，在互联网行业，腾讯公司的员工参加内部培训的感觉和一个初创公司的员工参加内部培训的感受可能会不一样。学员作为受训者，当然希望自己接受的培训是高大上且实用性很强的培训。凡是有使命愿景的培训部门，往往会不断地对自己的课程体系、讲师体系和运营体系提出更高的要求。因为有使命愿景的驱动，培训部门势必要与时俱进地引入一些好的课程、一些灵活高效的 APP 或者在线学习平台来提升学员的整体学习体验，同时也使得工作效率得到大大的提升。学员作为授课对象，不仅会越来越方便地学习接地气的培训内容，而且在课前、课中和课后也会有不同的感受。凡是有使命感的培训部门，会尤其关注学员的感受。课前，学员会在手机上接收到一个课前调查链接，点进去几分钟就能把自己对课程的需求和期望填写完毕，在课程实施前还会在微信上接收到上课提醒；课中，学员可以拿起手机及时扫码参与讲师预先设置好的互动讨论内容；课后，学员可以在线参加考试并提交课程反馈，还可以将自己的课后实践项目通过制作链接发送给其他学员。学员经过这样的全方位学习体验后，也会对培训部门的使命产生认同感和协同感，作为“在路上”的一分子积极参与课程的学习。

培训部门的使命愿景对讲师同样会产生积极的影响，甚至比对学员的影响还要大。这里说的讲师特指内训师。因为内训师更关心自己将来是只给公司内部员工授课，还是有机会通过公司这个平台成为行业内的专家。显然，要想成为一个被行业认可的内训师，就应该对自己提出更高的要求。比如，在教材开发方面，他们会更关注内容设计的质量；在授课方面，为了养成一个好习惯，在授课前会准备课前调查的问题；授课中会加强与学员的互动交流，而非灌输式的培训；课后会通过授课中发现的问题不断优化教材和授课方式。内训师明确地知道自己的辛勤付出到底是为了什么，如果想要以后有机会给行业里的客户或经销商授课，就必须把平时的每一次内部授课都当成锻炼的好机会。有的公司认为内训师很难找，是因为培训管理者没有让内训师看到未来发展的方向，没有让内训师感到自己的能力是可以随着内部授课逐步提升的，而且将来会有一个很好的发展空间。

2.3 志向要远：实现人生价值

在完成培训部门的使命过程中是需要一支强有力的团队的。在搭建团队的过程中，怎样才能不断地吸引有识之士，如何让团队成员持续保持斗志和激情，使命和愿景起到了至关重要的作用。任何一个人寻找工作，都希望这份工作不仅能解决物质上的问题，而且能让自己实现更大的价值。

2.3.1 使命召唤与团队构成

俗话说："请神容易，送神难"，如果我们没想清楚，培训到底要做成什么样子，那我们在团队成员的选择上也一定是模糊的。等想清楚培训的使命之后，发现现有的人员结构不合适，到那时再想去调整人员结构则是难上加难。不同的使命决定了培训团队需要具备不同知识结构和不同能力的人。我们以腾讯学院为例。腾讯学院在成立初期就确定了它的使命："通过提供多样性的学习与发展方式，成为员工 3A（Anytime、Anywhere、Anyway）学习的知识银行，成为经理人培养团队的黄埔军校，成为公司知识管理的最佳平台。"从这个使命中，我们可以解读出，腾讯学院至少需要这样几类关键人才：电子化学习平台的开发者，课程体系搭建的架构者和领导力学习项目的设计者。2012 年，腾讯学院又重新定位自己的企业大学需要承担三个角色："员工成长顾问""业务发展伙伴"和"企业变革助手"。试想一下，根据这些人才的特质来组建团队，和那些没有使命的培训部门随意组建团队，哪个效率会更高呢？答案显而易见。使命既定，培训管理者就要将使命转化为短、中、长期规划，并制定出实施策略和路径图，画出培训部门的组织架构图以及不同模块需要哪些岗位的设置，然后在不同阶段确定每个岗位需要多少人员编制，每个人的岗位工作标准是什么，对人员知识、技能和态度的要求是什么，一步一步地分解细化，就可以得到每个阶段比较准确的人员需求。这些人才既可以通过公司内部招聘选拔出来，也可以通过对外招聘扩充进来。我们在进行人员选拔时，因为有了从方向和目标上导出的人员能力要求，在面试选人过程中也会变得更加聚焦，围绕需要的能力去设计面试问题，看候选者的过往经历或能力是否能够满足要求。即便有些方面不满足，如果我们决定录用，在候选人进入团队后，也可以对他提供更有针对性的培训。

另外，培训部门的愿景对吸引团队成员的加入也同样会起到积极的作用。还是以腾讯学院为例，腾讯学院的愿景是"成为互联网行业最受尊敬的企业大学"，无疑能成为这样的企业大学中的一员是令人向往和憧憬的，腾讯学院发展到今天的规模也充分说明了这一点。愿景不仅能够给团队成员以激励，同时对于培训管理者，甚至是公司的高层，在培训项目遇到挫折和挑战时，一样可以起到指引方向、不忘初心和共渡难关的作用。用使命和愿景连接起来的团队，每个人的方向感和责任感都会更强，团队成员彼此之间的合作也会更加紧密。

2.3.2　培训部门与企业大学

现在越来越多的企业成立了自己的企业大学，那企业大学与培训部门之间到底有多大的区别呢？要回答这个问题，还得从企业对培训的定位，以及培训部门的使命愿景来分析。众所周知，培训作为人力资源业务的一个重要模块，在企业大学没有出现之前，都是放在人力资源部下面，所承担的任务也是由人力资源部负责人来分配的，无论从工作方向和资源配置方面来讲，还是从参与重大问题决策来讲，都会受人力资源部整体工作方向和实施策略的影响。培训如何开展、开展效果的好坏都应放在人力资源的框架下来考核，这种情况下的培训模块很难单独设立自己的使命和愿景，即便有也要服从于公司人力资源部的使命和愿景，而且作为二级部门，在协调资源和与各部门负责人沟通时，也都脱离不了人力资源部负责人的影响力。

而企业大学的设立往往是公司基于对人才培养的清晰规划，将培训工作当作一个重要的战略职能来开展，所以将培训从人力资源部门中独立出来，成立一个单独的部门。一般培训部门的负责人直接向公司的总经理或董事长汇报，有的公司总经理或董事长甚至直接挂帅企业大学校长，所以无论从感召力、影响力还是资源的调配上，企业大学比人力资源部下的培训部门都具有不可比拟的优势。而且企业大学可以根据自己的使命、愿景来设定短期、中期、长期目标，组建团队，建章立制和考核评估，这样开展培训业务会更加聚焦，培训效果也会更加明显。如果是集团企业或多元化公司，企业大学的使命和愿景还要包含为集团其他企业或多元化公司搭建培训体系及人才培养的内容，通过企业大学这个统一的人才培养平台，更易实现集团人才培养战略的落地和培训资源的高效利用。企业大学负责人一方面要建立培训管理标准并组织实施培训，另一方面还要从工作上指导集团其他企业或多元化公司培训部门工作的开展，帮助他们建立各自的课程体系、讲师体系和运营体系，用培训体系解决人才培养或培训实施中遇到的问题。

另外，还有些企业大学承担了对外部客户或上下游经销商的培训。我作为惠普经销商大学的负责人时承担了当时惠普全线产品经销商的培训，从产品技术培训到销售技巧培训，甚至是管理提升培训，培训对象覆盖了从一级经销商到二、三级经销商的人员，人员的层级从经销商的总经理到业务员都有。后来在惠普培训部开始对外部客户提供管理、销售和技术等方面的培训，当企业大学具有对外服务的功能时，还可以从传统的成本中心变为利润中心。我在惠普商学院担任授课讲师期间，有幸亲身经历了惠普商学院从零起步做到年收入八千万元的辉煌历程。

由此可见，企业大学的定位与功能与人力资源部下培训部门的定位与功能差异很大，这完全取决于培训在公司价值链中的地位和作用。定位越高，企业大学的使命和愿景包含的内容就越多，拥有的资源就越多，所承担的责任也就越大。

老 HRD 的智慧

培训部门的使命和愿景是最容易被忽视的，但对培训的定位和发展也是最为重要的。万事开头难，无论是人力资源部下面的培训部门还是独立运营的企业大学，首先要与公司高层明确培训的大方向和培训在公司价值链中的位置。只有明确了方向，想清了愿景，策略的制定、团队的组建、制度的建设和项目的设计等重要行动才会找到依据。一个好的培训定位，不仅能为公司和行业培养人才，还会对参训学员和授课讲师起到很大的激励作用。所以，确定公司培训的使命和愿景至关重要。

第三章

目标驱动

——确保培训成功的基准点

本章导读

我们在上一章谈到了要确定培训部门的使命和愿景。确定之后该如何去逐步实现呢？这时目标的设定就显得尤为重要。在这一章，我们一起探讨在日常工作中如何通过目标驱动来确保培训成功地实施，我们将从三个方面来分别进行阐述。首先是目标的设定要长期、短期有效结合，其次在完成目标的过程中一定要找到突破口，最后是怎样看待目标的实现。

公司年度战略的确定来自公司的中长期战略，而公司年度业务目标和年度职能目标的确定又来自公司的年度战略。根据公司的年度职能目标确定各部门的职能目标，培训部门作为职能部门之一，要确定支撑职能目标的培训目标。培训目标有主次，培训管理者首先要与对公司业绩影响较大的业务或职能部门充分沟通，了解如何通过培训的手段助力他们成功，先找到突破点，然后制定相应的培训实施策略。在目标实施的过程中，围绕重点目标来跟进重点行动计划，确保目标达成，遇到困难时要围绕目标实现找解决办法，而不是轻易地调整目标。无论目标是否达成，培训管理者都起着非常重要的作用，要善于及时运用复盘的方法来总结经验，进行知识沉淀，为第二年更有效地制定并实现目标打好基础。

3.1　长短结合：均衡发展，步步为营

做好目标管理是培训管理者的责任，也是确保使命达成的必经之路。我们在做目标管理时通常遵循“总体规划，分步实施，步步见效”的原则。在总体规划阶段，首先要知道培训目标的源头在哪里。只有明确了源头的需要，后面的规划和分步实施才能起到应有的效果。

3.1.1　培训目标从哪里来

培训目标的源头在哪里？有人说，培训目标的源头当然是在培训部门的使命愿景中，这个说法不算错，但还可以考虑得再全面些。培训部门如果只是单纯地考虑自己部门的使命，而不去关注公司整体的发展方向，最终只会是“捡了芝麻，丢了西瓜”。公司的发展是动态的，因此，要想确定培训部门的年度目标、中期目标和长期目标，还得先了解公司的年度目标、中期目标和长期目标。

公司的中长期目标来源于公司的中长期战略，而中长期战略无疑是支撑公司使命愿景的，见图 3–1。

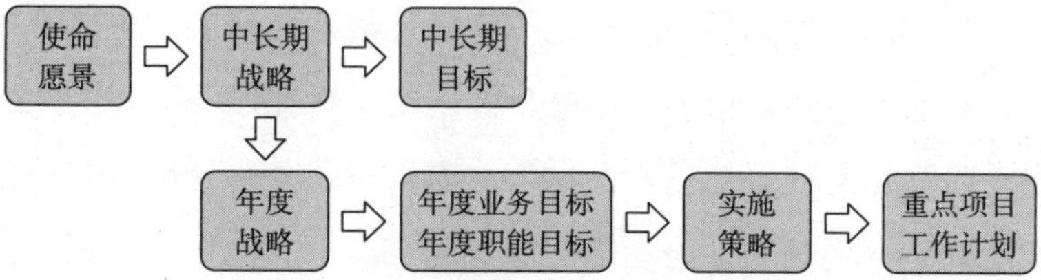

图 3–1　从公司的使命愿景到重点项目工作计划

有了中长期战略和中长期目标，我们还要把它们转化为公司的年度战略和年度目标。再由年度目标分解出年度业务目标和年度职能目标。

一般来讲，确定公司的年度战略会遵循一定的步骤。对于财务年度是自然年的公司（有些公司的财务年度不是按自然年划分），下一年的年度战略一般是从上一年的 10 月份左右就开始着手制定。先分析外部环境，外部环境重点关注来自政治（Politics）、经济（Economy）、社会（Society）和技术（Technology）四个宏观方面对公司战略带来的影响，也就是我们常说的 PEST 模型。然后再借助 SWOT 模型，分析当前公司内部的优势（Strengths）是什么，应该如何更好地发挥；劣势（Weakness）是什么，应该如何改进；公司外部当前存在哪些机会（Opportunity），应该如何最大化地利用；当前存在哪些威胁（Threats），应该如何及早化解。关于这两个模型的介绍，互联网上有大量的详细资料，这里就不一一介绍了。通过分析外部环境和 SWOT，再结合公司的中长期发展战略，就可以确定公司的年度战略了。

在确定公司年度战略后，公司年度战略会被进一步细分为业务战略和职能战略。职能部门是为业务部门服务的，所以要先确定业务战略。等业务部门制定出业务战略后，职能部门才开始围绕业务战略制定各自的职能战略。根据业务战略和职能战略的最终落脚点，公司会确定年度业务目标和年度职能目标。培训部门往往是在职能战略的制定阶段开始参与进来的。

首先，培训部门需要对上一年度的培训工作进行回顾总结，找出存在的问题，并分析原因，思考解决的方法和路径。之后围绕公司下一年度的职能战略，制定培训部门的年度战略。年度战略要用言简意赅的语言进行表述，再往下才是如何把培训的年度战略进一步细化落地，变成一个个可执行的年度培训目标。综上所述，培训部门的目标制定需要经过一系列的关联分析才能够得出，而不是简单地根据自己的使命愿景进行分解就可以轻松搞定。如果没有前面这一系列动作，培训部门即便制定出自己的年度培训目标，也可能是自娱自乐。由于没有公司年度目标的支撑，在实施时总会感觉培训的成果没有落到实处，得不到业务和职能部门的认可，培训部门的价值也就无法有效地体现出来。

3.1.2　培训目标如何分解

为了贯彻培训年度战略，需要制定不同的目标，而且不同的目标对年度战略的实现一定要起到支撑作用。我们以图 3–2 为例来进行说明。

年度战略	提升部门内训效果，培养公司后备人才，架构线上学习平台				
确定目标	帮助 5 个关键部门建立内训课程体系，每个部门不少于 6 门课	在 5 个关键部门培养和认证内训师，每个部门不少于 2 人	开展“领航行动”学习项目，推荐 20 名优秀人才	新员工培训，培训覆盖率超过 95%，考试通过率超过 95%	搭建 E-Learning 学习系统，在线学习时数人均 >2 小时
实施策略	选定关键部门岗位建立体系开发课件	专人专课重在训练制度保障持续提升	精选分班循环开课课堂评优实践评比	系列课程高效实施应知+现场+分享	移动固定同时支持联系岗位课程设置
重点行动	·选择部门岗位 ·讨论体系架构 ·制订开发计划 ·课程认证计划	·培养候选讲师 ·讲师认证计划 ·讲师授课计划 ·出台相关制度	·项目设计开发 ·班级人员选定 ·定期组织培训 ·优秀人才推荐	·形成制度文件 ·定期开展培训 ·多种方式并行 ·持续优化改进	·需求功能确认 ·筛选平台厂商 ·部署平台课程 ·跟进学习效果

图 3–2　培训部门战略地图

我们以某公司为例。某公司培训部门的年度职能战略为“提升部门内训效果，培养公司后备人才，架构线上学习平台”。为此，培训部门制定了五大目标来承接这个战略。下面我们来看培训目标应该如何分解。

首先，目标的描述一定要清晰，一个不符合 SMART 原则［即具体的（Specific）、可衡量的（Measurable）、可达到的（Attainable）、相关的（Relevant）和有实效的（Time-bound）］的目标是无法被有效分解的。目标被清晰地描述出来后，很多人容易一下子就进入类似“重点行动”的环节，开始着手把每一个具体的事情列出来，这样做看似执行力很强，但由于没有思考如何把目标转化为重点行动的实施策略，很容易导致工作有缺漏。实施策略可以帮助培训管理者先从整体层面将实现目标的要点明确出来，然后在写后面的重点行动时，每一个要点就可以对应一个或几个重点行动。如图 3-2 中，年度培训目标之一是“帮助 5 个关键部门建立内训课程体系，每个部门不少于 6 门课”。从中可提取出的要点为“确定关键岗位”和“建立课程体系”，由此确定实施策略为“选定关键部门岗位，建立体系开发课件”。有了实施策略这一总体行为指导后，再去写重点行动就不会跑偏了。实施策略还有一个重要的功能是当高层想了解某个目标如何实现时，和高层谈实现目标的实施策略往往比谈重点行动要更合适些。

在确定重点行动后，就需要把每个行动变成一个行动计划表体现出来，行动计划表一般包括由重点行动分解出来的行动要点，每个行动要点的负责人，各负责人以什么实施形式来完成各个行动。一般实施形式分为工作计划或项目两种形式。工作计划就是按照常规的 PDCA（计划、执行、检查和改进）工作法来做；而对于比较复杂的行动，尤其是需要跨部门协作的，就需要用项目管理的方式来做，这点在后面的第五章还会提到。最后还要明确每项行动的起止日期（参见表 3-1）。

表 3-1　行动计划

实施策略	重点行动	行动要点	责任人	实施形式	起止日期
选定关键部门岗位建立体系开发课件	选择部门岗位	确定选择标准 部门会议讨论	**	工作计划	1 月 5~15 日
	讨论体系架构	提出通用框架 挖掘业务特点	**	工作计划	1 月 20~30 日
	制订开发计划	明确开发要求 明确责任到人	**	项目	2 月 5 日 ~3 月 25 日
	课程认证计划	组织课程认证 试讲改进跟进	**	项目	3 月 28 日 ~5 月 18 日

如果将培训战略地图中的每一项实施策略对应的重点行动都以上表的方式罗列出来，那么就可以将培训目标层层分解，并落实到人。再将其中涉及费用的行动列入培训预算，基本上就完成了从战略目标到执行目标的转化。当然，不同行业对行动计划表要求的颗粒度也不同，互联网行业由于内外部环境变化较快，在做目标设定和计划分解时，相比制造业变化要大得多。但无论哪个行业，目标设定和计划分解肯定是要做的，无非就是间隔周期有长有短罢了。如果有人认为计划不如变化，因此不用设定目标，更不用分解目标，就像在《爱丽丝漫游奇境记》中爱丽丝迷路时和猫的那段对话：

“请你告诉我，我该走哪条路？”爱丽丝说。

“那要看你想去哪里？”猫说。

“去哪儿都无所谓。”爱丽丝说。

“那么走哪条路也就无所谓了。”猫说。

所以，凡事预则立，不预则废。在目标实施的过程中，还要根据实际情况做月度、季度或半年一次的重点行动或行动要点调整，以确保培训目标的最终实现。

3.2 找突破点：与业务发展相协同

在将上面重点行动分解到个人行动计划的过程中，你会发现，不同的培训管理者分解出来的事项可能会有所不同。正所谓条条大路通罗马，但是一定会有一条路相对来讲是“捷径”，也就是我们常说的，工作要找到突破点。那么怎么才能找到突破点，从哪些部门和哪些项目入手制订行动计划才能事半功倍呢，我在多年的培训工作中总结了两个字：“透”和“露”。本小节就围绕这两个字来讨论。

3.2.1 研究目标，深入沟通

首先说怎样理解“透”。在公司需要培训支持的部门有很多，但你会发现，有些部门是真的需要，因为他们会非常关注我们到底能提供什么样的培训服务和支持，甚至把我们的培训行动计划纳入他们部门的行动计划中，定期要求我们提供培训数据报告，检验参训人员培训效果等。但也有些部门是表面需要，就是我们做什么培训他们都不管不问，只要我们提供培训时别落下他们就行。所以，选择为哪些部门提供培训支持也很重要，因为有很多部门其实并不知道该如何利用好培训这个资源。

为了做好这一点，我们需要先问自己这样几个问题：我们是否了解哪些部门对明年公司目标达成影响较大；是否了解这些部门的年度目标；是否了解过他们为了实现各自的年度目标，打算采用何种策略，以及培训是否能作为工具之一助力他们实现某个业务目标。其实这些问题不仅仅是我们在分解重点行动时要考虑，甚至是在确定职能战略时就应该考虑。在目标设定阶段越早考虑，对我们最终行动计划的影响就越大。帮对了业务部门或职能部门，投入产出比会非常高，而作为内部客户的他们反馈好了，高层领导就会觉得培训有价值，培训部门的人干得也会很起劲。相反，如果将资源投到一个认为培训多多益善、没有也行的业务或职能部门，培训的工作就会非常累，因为他们经常会以没时间参加、人员出差和培训内容不符合他们要求为由找各种理由缺席参加，即便培训的课程再好、讲师再牛也没用。

怎样才能透彻了解业务或职能部门的需求呢？我的建议是“迈开腿，走出去”。天天坐在办公室里，是想不出什么好计划的，即便想出来，也未必能起到好的作用。多和业务或职能部门的高层交流，开始时不要一下就具化到需要什么培训，可以先聊聊他们部门的目标，现在遇到哪些挑战，从目标和挑战中找出差距，然后再问问他们明年打算做哪几件大事儿，等等。有时在交流的过程中就会谈出很多培训业务可以提供支持的合作点，同时我们还可以感受到业务或职能部门的领导对培训的重视程度，并了解他们对培训的理解程度，以此来推测在将来的培训合作中，他们是旁观者的角色，还是协助者的角色。

另外，经常参加公司经营例会也是一个好办法。有时年底制订培训计划时，真感觉有点“识到用时方恨少”，平时对业务或职能部门的认识过于肤浅，掌握的信息太少，在做年度培训计划时自然就会“拍脑袋”。其实连续参加几次公司的经营例会，对各个主要业务或职能部门的情况就会有所了解，知道他们的痛点，就可以有的放矢地和他们去沟通各种培训计划的可行性了。

最后，还有一个办法也可以让你充分了解业务或职能部门的培训需求，就是**平时如果有机会可以参与一些跨部门的项目实施**。无论培训管理者在项目中承担什么角色，决策委员会成员也好，项目总监也好，或是项目经理，或是质量经理，哪怕是项目组成员也好。角色并不是决定性因素，关键是在项目中培训管理者可以更深层次地了解业务或职能部门的实际业务情况，为提供有针对性的培训支持提前做好准备。

3.2.2 确定目标，重点突破

在我们明确了解业务或职能部门的实际业务情况后，就需要确定重点支持目标。因为培训资源是有限的，我们必须要考虑，应该优先服务哪些部门，优先将培训资源向哪些部门倾斜。一般在确定培训重点支持部门时，要重点考虑对公司年度目标实现影响比较大的业务或职能部门，把上一节谈到的沟通时间和精力重点放在这些部门身上。一旦确定目标后，我们就要用到“露”这个字了。

所谓“露”，就是要突出，要明显有所不同。无论是在目标的制定上、资源的投入上、跟进机制保障上，还是在实施效果的达成上，都要区别于和一般部门的合作。

首先在目标的制定上就需要有挑战性。既然支持的是重点业务或职能部门，目标就不能只是开设了多少次课程这么简单，一定要从促使部门人员绩效改变的行为来思考如何制定培训目标，往往难度较高的目标反而更容易激发团队的斗志，同时也更容易获得领导们的支持。在资源的投入上，双方部门一定都要有投入。只有投入了资源，才能说明双方是真的愿意一起达成共同的目标，否则就是“一半是海水，一半是火焰”。在实施的过程中，建立一个好的跟进机制也很重要。可以采用项目管理的形式，把一个大的目标分成不同的子项目，用项目管理的方法来向前推进。项目管理的好处在于，不仅可以把来自不同部门的人组织成一个项目组，各自有分工，而且可以邀请双方部门的高层做项目决策委员会成员，定期为项目的进展提出宝贵建议。此外，还可以建立项目奖惩机制，对到期未完成任务的和提前圆满完成任务的人进行适当的奖罚，促使项目组成员更高效高质地完成工作。如果不采用项目管理的方法，那也应该与业务或职能部门先确定好定期会议沟通机制，包括本部门内部的定期工作进展汇报机制，定期与业务或职能部门的高层面谈沟通机制，定期向上级汇报项目进展机制，并把这些机制以邮件或会议纪要的形式发给相关人员固化下来。不要小看这些机制的建立，它从一开始实际上就是参与多方的承诺，如果没有这个机制，到时想找人开会，沟通和解决问题都将成为一个大问题，所以提前约定好沟通机制很重要。当有阶段性成果时，一定要及时宣传，可以利用邮件或在公司网站上进行宣传，鼓舞团队的士气。当全部项目都顺利完成时，也一定要通过邮件或其他方式感谢相关业务或职能部门的负责人和相关参与人，为今后的继续合作奠定基础。

所有上述做法都是为了确保重点目标的突破。“露”就是即便其他培训目标没有完成，也要想方设法确保重点培训目标的完成，一定要在重点培训目标上有所突破。

3.3　目标实现：用完成的结果说话

无论前面的目标制定考虑多么周全，行动计划多么详细，跟进机制多么完善，最终公司领导关注的还是目标能否达成。完不成目标，前面说得再好也没用。作为培训管理者，我们要想方设法实现既定目标，尤其是重点目标，用完成的结果说话。

3.3.1　如何看待完成与否

通常实现目标的道路都不会一帆风顺，总会遇到各种困难和挑战。

如果目标没有完成，是谁的责任？这里我们讲一个科学故事。众所周知，北极熊是游泳高手，即便这样，还是会有北极熊被淹死。为什么？因为100公里之内，没有冰块。由于全球变暖，冰块融化了，北极熊无法找到冰块休息，最终因体力不支而被淹死了。那么北极熊之死怨谁呢？有人说怨人类，因为是人类导致了全球变暖；也有人说怨北极熊自己太笨，无法适应环境的变化。但不管怎么说，结果是北极熊自己被淹死了，最终受影响的还是它自己。我们在实际工作中，当既定的培训目标没有完成时，有些培训管理者可能会抱怨团队成员的能力不强、自己的领导支持不够和学员参与积极性不高，但无论怎么说，目标没有完成是事实。如果换一个人，有没有可能完成目标？当然有可能。所以归根结底问题还是出在培训管理者自己身上，不要去找别人的原因，所有的困难都不是百分百不能解决的，关键看管理者是否相信能够解决。面对困难时，有的管理者选择调降目标，也有的管理者选择调整实现目标的方法。前者的信念是因为做到才相信，受环境的影响较大，一遇到困难就想往后退，很难完成具有挑战性的目标。而后者是因为相信才做到，他会通过挖掘各种资源来帮助自己完成目标。前面我们在第一章谈到的人生理解层次就认为，只要有信念，能力就可以发挥出来，问题就容易被解决。

如果目标完成，我们是否就认为万事大吉，可以邀功请赏了呢？对于一个有长远发展眼光的培训管理者来说，显然不是。目标虽然完成了，但我们还可以反思一下目标完成的质量是否足够高？是勉强达到指标，还是业务或职能部门的学员在行为上真正有所转变了；是培训部门自己“老王卖瓜，自卖自夸”，还是真正得到了业务或职能部门的肯定。这里反映出来的是培训管理者如何看待目标达成的态度。其实目标达成是部门存在价值最基础的体现，完成目标只是达到及格线而已，此时我们还需要从培训的覆盖率、质量、路径、团队和后续跟踪机制等方面分析一下，有没有可能做得更好。比如，在培训的覆盖率上，是否还有没覆盖到的业务或职能部门，同行对标企业的培训覆盖率如何；在培训质量方面，我们的内部开发课程是否还有优化的空间，内训师的能力是否还需要进一步提升，学员的课程反馈信息是否已全部满足，学员的课后行为是否发生了明显改变，绩效有无提升；在路径方面，我们目前的培训切入点是不是公司最亟须的培训，不同培训方式（一般指外聘培训、外派培训和内部培训）之间的比例是否合适，是否可以通过高效的培训平台工具进一步提升培训效率；在团队方面，团队成员的能力是否需要继续提升，以面对目标不断增长的现实；最后一点也很重要，就是要看通过项目目标的达成，有无相关后续跟踪机制来确保培训成果的保持。所有这些都是帮助培训管理者在进一步提升能力时应该考虑的问题。

3.3.2　及时复盘总结经验

在目标管理的过程中，及时复盘总结经验非常重要。我们每做完一个培训项目就应该把相关人员召集起来开个复盘会。“复盘”是中国围棋的一个术语，早在 2001 年，“复盘”就被联想的柳传志用在了公司内部的管理实践上，并取得了很好的效果。

复盘是一个非常好的习惯，至少有四个作用：一是知其然并知其所以然；二是同样的错误不重复出现；三是总结经验并提高能力；四是优化流程并有效传承。在实操中，比复盘更重要的事是做好复盘之前的准备工作，如果不做任何准备，直接把所有的问题都拿到复盘会上去讨论，那将是一场“灾难”。我们应该根据期望复盘达成的预期成果来确定复盘内容的范围和参与复盘的人员，并提前准备好相关资料。在复盘时，组织者必须保持一个开放的心态，并具有求实的理念、求内的态度和求道的欲望。求实是指讨论问题时要实事求是，坦诚相待。复盘不是揪坏人，不是批斗会，而是要尽可能反映当时的实际情况。求内是指分析失败原因或存在问题时先多想想自己的问题，而非总是找别人的问题。先想自己有哪些地方需要改进，再想如何与别人一起改进。求道是指希望通过复盘这种形式，能够总结出一些做事的套路、方法或对现有流程、制度的一些改进建议。对于存在的问题，从根本上避免同样的错误重复出现；对于成功的方法，将它们提炼出来，做好知识沉淀。

在复盘过程中，可参考下图中的复盘四步法：一是回顾目标；二是评估结果；三是分析原因；四是总结规律。

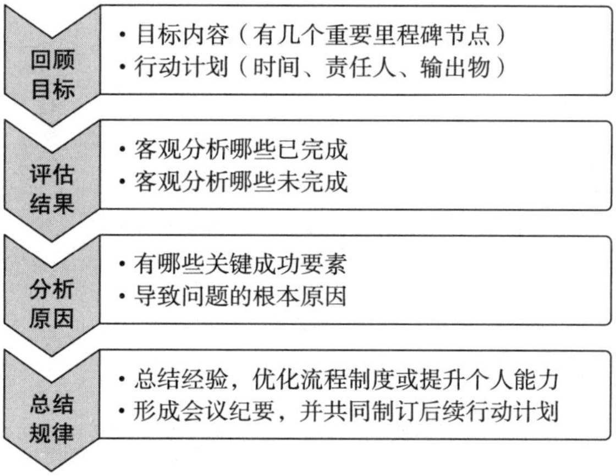

图 3–3 复盘四步法

回顾目标时，一定要找到相关的凭证。过往带附件的邮件就是比较好的凭证，它不仅记录了时间、参与人和相关事件内容，还可以把中间变化调整（如果有）的细节也一起呈现出来。评估结果时，对已完成和未完成的目标都要做客观的分析，判断目标是否完成的主要依据是目标制定时的说明细则，不能凭主观去臆断。分析原因时，要集思广益，一般培训项目的复盘都会涉及讲师、课程、实施形式、学员和评估方法这五个方面。不论用什么样的讨论方法，鱼骨图法也好、头脑风暴法也好，最终找到导致成功或者失败的根本原因最重要，这也是最关键的一步。总结规律时，一定要在经验总结完毕后，明确下一步的行动计划，并形成会议纪要，作为过些日子检查行动计划是否执行的依据。

复盘不只是针对失败的项目，对于成功的项目，上述复盘方法也同样适用。复盘工作也不一定非要等到整体目标完成后才去做。在目标完成的过程中，也可以在阶段性工作完成后就进行阶段性复盘。总之，复盘是确保 PDCA（计划、执行、检查和改进）管理循环的工具方法之一，通过复盘，我们不断总结规律和经验，并通过优化流程制度来确保目标的完成。

老 HRD 的智慧

公司年度战略的确定来自公司的中长期战略，而公司年度业务目标和年度职能目标的确定又来自公司的年度战略。根据公司的年度职能目标确定各部门的职能目标，培训部门作为职能部门之一，要确定支撑职能目标的培训目标。培训目标有主次，培训管理者首先要与对公司业绩影响较大的业务或职能部门充分沟通，了解如何通过培训的手段助力他们成功，要找到突破点，然后制定相应的培训实施策略。在目标实施的过程中，围绕重点目标来跟进重点行动计划，确保目标达成，遇到困难时要围绕目标实现找解决办法，而不是轻易地调整目标。无论目标是否达成，培训管理者都起着非常重要的作用，要善于及时运用复盘的方法来总结经验，进行知识沉淀，为第二年更有效地制定并实现目标打好基础。

第二部分
寻法——规范化管理非常重要

俗话说："没有规矩，不成方圆。"培训工作是个系统工程。培训管理者要系统地考虑该做什么、怎么去做以及由谁来做的问题。"该做什么"不是具体到培训项目，而是应该从流程制度、模板表单和工作标准等基础层面进行梳理；"怎么去做"要以培训实施全周期的角度考虑培训工作如何开展，进而明确工作重点方向；而"由谁来做"则要考虑如何打造高效团队。本部分将从文件系统、计划/实施和团队建设三个章节进行阐述。

第四章

文件系统

——开展工作的根本大法

本章导读

培训工作的开展需要各个部门的配合，要想与这些部门相互配合好，首先就要了解公司的整体流程架构以及流程架构下各部门的制度。培训部门作为培训实施的首要主责部门，必须要有自己的工作流程和与之相对应的培训制度。在制度中要通过模板表单对工作执行的效果进行约束，指明谁在哪个流程节点对哪个表单负责，并落实到相关责任人的岗位工作标准中去，这是我们开展所有工作的基础。

文件系统是一个部门开展工作的根本大法，对培训部门尤为重要。培训部门作为职能支撑部门在工作中讲究的是方法、流程和制度。流程是驱动因素，告诉我们在培训中要分析受训者在流程中的角色和遇到的问题，以及通过培训意识到需要提升哪方面的能力；制度是约束因素，告诉我们如果不按照管理规定执行，会有什么后果。制度流程下的模板表单会让员工的工作效率大大提升，同时我们也要高度重视数据的有效性问题，从规范输入和建立系统数据库入手。而要想让员工全面、彻底地了解所在岗位的工作，还需要学习岗位工作标准中的内容，因为在岗位工作标准中会把所有与该岗位相关的制度流程和表单做相应的说明，是提高员工执行力的最有效工具。

4.1 流程制度：厘清业务间的关系

流程设计和制度设计的管理假设不一样。流程设计基于“人性本善”。即当大家发现问题时，都希望通过流程梳理找到解决问题的根本办法，谁都不愿意独自完成所有跨部门的工作。而制度设计是基于“人性本恶”。即当具体到每个人必须要做哪些事情，而且还必须要做好时，有些人的惰性和投机取巧的缺点就会显现出来，所以必须要通过预先的说明和奖罚来进行约束。流程更倾向于解决业务实现中的系统问题，而制度更倾向于解决业务执行中的落地问题。流程是制度的灵魂，制度是流程的保障。

4.1.1 厘清流程间的关系

公司内各部门的流程就像我们生活中的条条道路，要想高效运转，道路之间就必须打通并确保通畅。其实能真正体现一个公司的实力与特色，并为公司带来长远价值的就是公司的流程体系。厘清体系中各流程的关系，意义在于：一是可以确保公司各部门分工协调有序；二是可以减少关键业务节点缺项漏项；三是可以让部门内的岗位职责更加清晰明确。培训业务也是流程节点的重要组成部分。

作为培训管理者，首先要从整体上想清楚培训业务的输入和输出是什么，通过培训这项活动到底能给公司的业务带来什么样的价值。培训的输入可能来自哪些业务或职能部门，输入内容的要求可能与哪些业务流程相联系；培训实施过程中培训部门又应该遵循哪些工作流程；培训的输出又可能对接到哪些业务或职能部门，输出内容的标准又与哪些业务流程相联系。我们以某公司销售人员的培训为例。由于销售涉及的业务环节很多，当销售部门向培训部门提出要做销售技巧培训这个输入需求时，培训管理者首先要去了解销售部门的业务流程是什么，弄清楚要提升哪些销售人员在哪个业务流程阶段的什么技能，然后再按照课程管理流程和讲师管理流程找到合适的培训内容和讲师，确保培训效果与业务流程节点要求的工作内容和技能相一致，并在培训之后邀请销售部门的培训需求提出者对参训人员的培训成果进行跟踪评价。

培训的输入主要包括来自不同部门对不同岗位人员的培训需求。比如，有来自某业务或职能部门对部门内部员工提出的；也有来自公司管理团队对当前各部门管理者或后备管理者提出的；还有来自人力资源部针对新进员工提出的；等等。培训管理者一定要围绕不同的培训需求去了解受训者在不同的业务流程节点上的作用是什么，需要提升哪方面能力。有时可能业务或职能部门还没有成熟的流程文件，这时也一定要问清楚为什么要做这个培训，业务场景是什么，以及期望达到什么样的培训效果。

有了明确的培训输入后，就要靠经典培训三流程——课程、讲师和实施来落地了。必须先进入课程管理流程，在此流程中严格把控对课程内容的要求，培训需求提出者要根据流程要求的表单填写培训需求，培训部门据此需求才能进入讲师管理流程去挑选合适的讲师。有的公司是先根据培训需求找好讲师，再根据讲师的偏好调整培训内容，结果搞成本末倒置。实施流程主要控制在培训前、中、后各有哪些工作要点，确保培训工作顺利开展。

培训的输出主要集中在人、课程和培训效果上。为了确保满意交付，培训管理者一定要在培训需求提出时就搞清楚输出的验收标准是什么，谁来进行验收。举例说明，我们在进行管理类人才培养时，有的公司对输出的要求是培养出多少个符合岗位工作标准的学员，由人力资源部来进行验收；也有的公司对输出的要求是培训覆盖率和培训满意度，验收部门可能是人力资源部，也可能是各个业务或职能部门。

任何一个流程节点都有它的价值。培训管理者要把培训的输入和输出与业务的流程联系起来，不能只以自己部门的流程为中心，还要厘清业务部门流程间的关系。

4.1.2 做好流程下的制度

如果把流程比喻成生活中的城市道路，那么制度就像是道路上的红绿灯和摄像头，控制每个基于不同流程要求运转的事情，执行得是否到位，是否符合流程要求。培训部门的制度相当于所有培训活动必须要遵守的“法律法规”，大家必须按此要求来执行。

培训制度建设首先要有一个整体框架，所有培训涉及的内容都必须在这个制度框架里。可以以不同的管理规定来描述。框架中至少要包含四个要素：计划、课程、讲师和实施（参见图 4-1）。

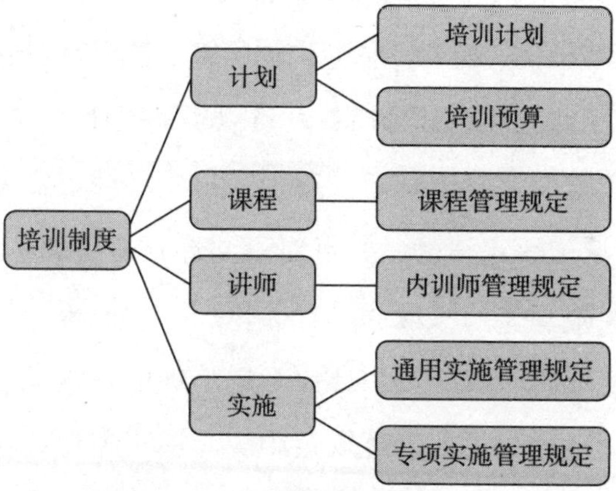

图 4-1 培训制度建设框架

在深入编写四个要素之前，先要把所有涉及培训的术语以及对四个要素内容的简要描述写成一个制度，就像是针对所有要素对应的管理规定的提纲说明。所以一个培训部门的制度体系建设，是由一个总体的培训管理制度加上若干个要素对应的管理规定构成。

计划方面：培训工作对计划性的要求还是挺高的，所以必须要有培训计划和培训预算两方面的管理规定。培训计划管理规定要解决年度计划的提报、审批、执行和变更等问题。培训预算管理规定要解决年度预算的提报、审批权限和额度、计划内审批流程和计划外审批流程等问题。

课程方面：有了计划之后，如果没有课程，也是“巧妇难为无米之炊”。所以，第二步要把课程体系搭起来，要有对应的课程管理规定。在这个规定中，首先要将公司内不同的课程类别进行定义和区分，一般我们把课程分为通用素质类、职业技能类、专业技术类、管理提升类和专题项目类。这个分类要确保将来在公司内开设的所有课程，无论是内训、外聘还是外派的课程，都要能纳入到上述类别中进行管理。并且要把内训课程的开发、评审、优化、学分和积分等管理要求都写进管理规定中。

讲师方面：有了课程之后，就需要有内训师来进行授课。为确保授课质量，需对内训师进行管理。内训师管理规定重点对内训师的认证资格申请、资格审核、能力培养、资格认证、授课评估和内训师级别管理等分别进行详细的描述。

实施方面：有了课程和内训师后，就可以实施授课了。实施管理规定包括通用实施和专项实施两类管理规定。通用实施管理规定要将培训的不同形式（内训、外聘和外派）界定清楚，并且对不同形式的培训实施流程进行说明；此外还要加入与实施相关的供应商选择、培训合同模板、培训平台、培训场地和培训设备的使用等内容。最后还要考虑培训的要素之一——学员，把需要他们做的事情也写入相关的管理规定中。专项实施管理规定针对的是一些特定的培训，如新员工培训、轮岗人员培训和后备管理干部培训等，将他们的特殊要求写进管理规定，与通用实施管理规定相同的部分则不必重复描述。

在制定培训制度的过程中，有一个很重要的因素必须考虑进去，就是对违反制度或管理规定的惩罚规则。不要小看惩罚规则的描述，很多单位对培训制度的轻视或无视，就是因为制度中只说了要做什么，没说如果做不到该如何处罚。就像在交通管理中，如果只告诉大家不要超速、不要违章驾驶，但从来不处罚，后果可想而知。所以，惩罚规则的建立也是确保培训制度或管理规定能够顺利实施的一个重要保障。

另外，要定期对培训制度或管理规定的执行情况进行审查。我们初期建立的管理规定一定会存在这样那样的问题。在实操中，当我们发现实际情况与管理规定要求不符合时，要么修改制度下的管理规定，要么要求执行者必须按照管理规定中的要求去做，否则就要处罚，让所有人都认识到制度建立的严肃性，确保在培训实施中按规定要求做事。

4.2　模板表单：确保行为的标准化

有了培训制度和相应的管理规定的指引，培训工作就可以按部就班地开展了。随着培训项目越来越多，制度和管理规定只告诉了我们要做什么，那么怎么做才会更高效呢？这就是我们这个小节要讨论的内容了，如何通过模板表单来确保行为的标准化，从而提升工作效率，起到事半功倍的效果。

4.2.1　如何高效地执行

培训管理者根据当年的培训计划会开展不同的培训项目，很多培训项目的实施其实都大同小异。可我们经常看到的却是大家做每个培训项目都像做新项目一样，很多工作的开展都是从头开始，项目计划重新编写，表格重新设计，邮件内容重新编写，项目汇报 PPT 重新构思，等等，严重浪费时间。为什么我们不能像第三章所讲的，在每次培训项目实施之后，把团队成员叫在一起开个复盘会议呢？把这个项目的成功和失败经验都总结一下，重要的是梳理一下项目中用到了哪些表单，生成了哪些报告，写了哪些邮件，有没有固定的模板可以提炼出来，有没有将经验归纳总结到流程制度中去。

比如我们在总结某培训项目时，可以从培训前、中、后三个时间点分别来总结提炼其中需要做什么事项，每个事项的做事标准是什么，什么时间完成，由谁来完成（参见表 4–1）。

表 4–1　培训实施流程

阶段	序号	事　项	做事标准	完成时间	负责人	备　注
培训前	1	讲师预约	通过沟通确定讲师授课时间和授课基本内容，介绍课程制作的基本要求	培训前 2~3 周	***	培训内容要符合需求要点，且应尽量贴近工作实际情况
	2	培训场地预约	预定符合讲师授课条件的培训场地	培训前 1 周	**	确定培训场地
	3	讲师邀请函发放	通过邮件或微信向讲师发放邀请函，内容包括： 1. 与讲师明确培训具体安排（培训内容、地点和时间） 2. 提醒讲师课程提交日期 3. 确认有无特殊培训要求（如问卷调查和资料发放等）	培训前 1 周	**	模板 1：讲师邀请函
	4	培训通知发布	通过邮件或微信群向学员发布培训通知，告知培训主题及相关安排	培训前 1 周	**	模板 2：培训通知邮件
	5	培训课程确认并打印	审阅讲师提交的培训课程，并就课程内容和表现形式反馈意见	培训前 3~4 天	**	教材打印
	6	再次通知	通过邮件或微信群向学员再次发布培训通知	培训前 1 天	**	模板 3：培训通知
	7	影像设备准备	摄像机和照相机全部到位，确保电量充足，并有足够存储空间	培训前 1 天	**	

续表

阶段	序号	事　项	做事标准	完成时间	负责人	备　　注
	8	培训场地布置	1. 座位摆放：根据课程要求摆放成鱼骨形、U 形和横排形等	培训前 1 天	**	模板 4：培训教室布置样图
			2. 教具准备：备好白板架、白板纸、白板笔、板擦和激光笔		**	
			3. 设备调试：调试投影仪、电脑、话筒（2+N 个）、音响、灯光和激光笔等电子设备，确保视频、音频和双流清晰畅通，并将摄像机固定于合适位置		**	提前更换话筒和激光笔电池，其中手持话筒 2 支，分别提供给讲师和助教，会议话筒 N 个，用于学员发言
			4. 桌签摆放：如需要桌签，可根据分组情况、业务关联度、岗位职级和性别比例等因素摆放		**	
	9	培训签到	将签到二维码置于屏幕上	培训前 10 分钟	**	同时放背景音乐
培训中	10	培训主持开场	1. 介绍培训讲师 2. 简述培训主题及培训流程 3. 强调培训纪律	培训开场（5 分钟）	**	模板 5：培训开场话术

续表

阶段	序号	事　项	做事标准	完成时间	负责人	备　注
	11	现场管理	1. 如讲师同意，应全程录像，拍摄范围主要是讲师和 PPT 投影	培训全过程	**	
			2. 选取合适场景进行拍照（讲师授课特写、学员听课全景、学员发言、小组讨论、讲师与学员互动和游戏等场景），要求照片清晰易懂		**	
			3. 根据讲师要求发放课堂学习资料		**	
			4. 根据课堂中播放视频的需求，调节灯光光线		**	
			5. 在学员发表意见时传递话筒		**	
			6. 配合讲师，引导学员互动		**	
	12	培训课程反馈	将反馈二维码置于屏幕上	培训结束前 10 分钟	**	
	13	培训主持收尾	1. 简单总结培训内容 2. 对讲师表示感谢 3. 下期培训预告	培训结束时	**	模板 6：培训收尾话术
培训后	14	讲师感谢信	通过邮箱或微信向讲师发放感谢信，内容包括： 1. 对讲师的培训内容和现场表现给予认可 2. 对其乐于分享的精神表示感谢 3. 向其传达学员对此次培训的基本反馈 4. 表达期望下次再找话题进行分享的意愿	培训后第 1 天	**	模板 7：讲师感谢信

续表

阶段	序号	事　项	做事标准	完成时间	负责人	备　注
	15	培训成果总结	通过邮箱或微信群向学员发布培训成果总结，配上合适图片，并附上 PDF 版课程	培训后第 1 天	**	模板 8：培训总结
	16	培训登记表更新	汇总各公司参训学员信息，并及时更新《培训登记表》	培训后第 1 天	**	模板 9：培训登记表
	17	培训视频剪辑（可选）	将培训录像导出，并按照课程内容进行剪辑和命名，存放至公用移动硬盘中	培训后 1 周内	**	

通过上表的总结举例，我们下次再遇到类似的培训项目时，就不用再去费劲想应该做什么事，怎么才能做得更好，我们只需要按照上述顺序，一步步参照着做就行了。

当然，即使我们有了上述模板表单，当下次再遇到类似项目实施时，虽然会有所不同，但基本上原模板表单的 70%~80% 是可以用的。此时，作为培训管理者需要坚持的一点是，一定要要求团队成员按上次总结出来的模板表单和注意事项进行填写，可以对之前的表单进行优化，但绝不能弃之不用，另起炉灶。很多培训工作者的工作效率较低，就是因为大家没有形成一套固定的表单，把大量的时间都浪费在了沟通上。如果大家对固定表单中的字段要填什么内容非常清楚，在执行过程中就会做到心中有数，工作效率也会大大提升。

在培训项目结束后的复盘会上，由团队成员来谈之前总结出来的表单内容在新项目上应用的适合程度，以及建议做哪些方面的改进。这样每次做同类型的项目，大家就把总结出来的模板和表单用实际业务验证一遍，验证几次之后，这套模板表单就可以相对固化下来了，然后把它们固化到制度或管理规定文件中去，确保以后类似的培训项目可以高效执行。

4.2.2 确保数据进系统

在培训实施的过程中，模板表单中的数据是最宝贵的财富，需要运用科学有效的方法进行收集、保留和分析。但我们常常会遇到以下困惑，拿我们最常用的学员培训名单表来举例说明。例如，有的表数据结构不一致，缺乏统一管理：我们经常看到的现象是，虽然不同的培训专员在不同项目中做同样收集学员名单的事，但大家使用的表格结构不一致，而且数据存放在每个培训专员的电脑中，就算定期收集整理一下，也因为每个人的表格结构不同而导致数据无法被有效地整合。再如，有的数据结构虽然一致，但填写不规范，整合时需要再做调整：有的部门虽然要求所有培训专员必须用指定的表格填写数据，但如果不对填写数据的规范性提出严格要求，最终还是要花费很大精力重新统一整理数据的有效性和正确性，浪费大量的时间，比如“张三”和“张　三”在Excel表中做数据透视分析时就被认为是两个人，“××应用实践培训”和“××应用的实践培训”就是两个课程，还有日期格式输入不正确，文本和数值格式混乱等问题，都是严重影响数据有效性的因素。

为了解决上述问题，有的公司干脆要求大家把指定的表格放在共享里，大家统一下载使用填写。而且将数据填写的规范做出样例，大家随时可以在共享里打开填写，避免了数据整合的问题。但这样又会带来新的问题，人员多时，同一时刻，只能有一个人打开文件进行编辑，其他人无法同时填写数据，无论这个人是在看还是在编辑，别人都无法调整表格内容。即便使用Excel表的多个人能同时使用编辑功能，也往往会出现文件卡死或版本更新混乱问题，从而导致效率大大降低。那有什么好的解决办法呢?

既然数据对培训部门如此重要，建议大家还是要将培训数据输入系统中。如果公司没有相关的数据库系统可以使用，最起码也可以使用类似Office办公软件中的数据库功能，而不要用Excel表记录大数据。使用系统数据库的好处：一是可以将需要记录的数据字段提前定义好，每个字段应填写什么格式的内容，而且字段可以随着业务的需要随时增加或减少；二是确保大家输入的数据非常规范，因为输入内容不规范，就无法输入系统；三是不同人可以用不同的账户同时登录，进行数据录入、编辑操作，不会受到别人的影响。此外，数据库一般都带有报表功能。我们输入了那么多的数据，目的就是当我们需要使用时，可以方便查找，并对数据进行综合分析，类似于Excel的数据透视功能。数据库的报表功能可以根据我们不同的需要，将数据的不同字段提取出来进行组合，生成不同的报表，满足不同管理者的需求。

4.3 工作标准：规范实施中的行为

如果流程清晰，制度、模板表单也有，员工就能按照要求去做吗？答案是否定的。因为需要员工了解掌握的信息太多了，员工很难分清楚到底哪些是应知应会的、哪些是需要了解的、哪些是必须要做到的。岗位工作标准就是解决上述问题的“利器”。

4.3.1 提高工作效率的保障

如果你新招了一个团队成员，通常你会怎么培养他，先给他做哪些方面的培训？有些人可能会说让他跟几个培训班下来，就什么都懂了，不用教那些理论，没用的。可是我们换位思考一下，当我们进入一个陌生的环境时，往往最想了解的就是要做什么事，最担心的就是做错事，所以总是畏手畏尾的。如果我们给新员工一些模板表单，从正确地做事角度讲是可以的，但还缺如何做正确的事这个层面，即员工需要知道哪些该做，哪些不该做。即便是老员工，做的事情也未必都是该做的。这时，最直接、有效的学习工具就是该岗位的工作标准。

有些公司对岗位工作标准的作用嗤之以鼻，或是为了应付 ISO 检查随便写了一个与实际差异较大的岗位工作标准。我们经常说，公司内部成本最高的是沟通成本，但殊不知很多沟通成本的浪费就是因为岗位工作标准缺失而造成的。岗位工作标准中除了常规的岗位任职条件外，至少在以下五个方面可以帮助新人快速了解该做什么事情，以及要做到什么程度。

一是岗位职责与权限。它明确了该岗位应该履行的不同工作类别，列出了员工应该做哪些事，以及做这些事情时的权限是什么。所有的岗位工作标准内容都是围绕“岗位职责与权限”来展开的，它是核心中的核心。

二是岗位的应知和应会。这里的应知是指在此岗位工作的员工要想完成岗位职责规定的内容，必须了解应掌握的相关知识和规章制度；应会是指要想完成岗位职责规定的内容必须具备的通用能力和专业能力，强调行为的结果，比如能熟练应用 PPT 开发制作教材、能够独立设计培训项目等。

三是不同周期内的工作内容及标准。这里将岗位职责中的工作分别落实到每天应该做什么，每周应该做什么，每月、每季、每半年和每年应该做什么，且对如何做、做到什么样的要求、要输出什么样的表格或产出物和监督人是谁都有明确的要求。

四是绩效管理标准。它说明了该岗位各项工作的考核指标名称、指标定义或计算公式、考核数据来源及监督责任岗位等信息。有一点需要说明，这里列出的考核指标是没有权重之分的，所以无所谓哪个指标重要，哪个指标不重要。只有每年根据不同的业务重点方向，从这些指标中挑出一些指标作为关键绩效指标（KPI）时，才会有权重的概念。员工可以从绩效管理标准中了解自己的绩效考核指标是从哪里来的。

五是职业发展路线。员工从这里可以看到如果沿着这个岗位继续发展，下一个岗位以及后面陆续的岗位是什么，让工作变得更有目标和更有方向。

除了上述五个方面，岗位工作标准中还应该把需要该岗位员工日常使用的表单都以附件的方式展示出来，让员工一目了然，迅速全面且有重点地理解该岗位的工作。

总之，一个好的岗位工作标准是值得花时间和精力去描述清楚的，它可以让员工清晰了解自己要做什么，大大降低新人上岗的难度和提升熟手工作的规范程度，大大降低不同岗位间的沟通成本，从而提高工作效率。

4.3.2 与流程制度间的联系

既然岗位工作标准对员工的行为起规范作用，那么在岗位工作标准中就一定会涉及大量与流程、制度相关的内容，主要体现在上一小节中的“岗位应知”和“不同周期内的工作内容及标准”中。比如，我们要求培训专员必须知道培训的实施流程，而且对于不同的培训项目有不同的实施流程，而这么细致的要求是不可能写在培训专员的岗位工作标准中的，它是通过让培训专员学习“岗位应知”中的通用实施和专项实施两种管理规定而达到要求的，所以在“岗位应知”中会引用很多管理规定文件的名称，员工也可以通过公司的内部文件查询系统或指定位置找到对应的管理规定来进一步学习。另外，同一部门不同层级的员工在各自的岗位工作标准中应该了解的管理规定也不尽相同，越是基层越需要了解与具体任务相关的管理规定，层级越高，越需要了解不同工作模块或相关部门的管理规定，前面提到的厘清流程间的关系也是强调岗位工作标准对流程支撑的重要性。

在岗位工作标准中的“不同周期内的工作内容及标准”会涉及一些工作输出的表格。我们前面讲过要确保行为的标准化，必须有相应的模板表单，这里的输出表格指的就是这些模板表单。为了标准化，就要求把模板表单也必须固化下来，同时这个模板表单也应该从属于某个管理规定，只有建立这样的关系，才能真正做到员工的工作行为有章可循，有“法”可依，有表可填。我们常见的问题是员工所填的模板表单和管理规定中的模板表单不一致，导致这个现象发生的原因是最初在制定管理规定时，往往考虑不到实际运作过程中会发生什么情况，等真正用到表单时，往往是发现一个问题，就更改一次表单，久而久之就造成了实际用的表单和管理规定中的表单不一致的现象，导致新人在学习岗位工作标准时学到了错误的信息。还有一种情况就是很多模板表单都是独立于流程制度而存在的，是在实际工作中逐渐应用而生的，这些模板表单的特点是灵活性大、易变动和不易规范管理。所以，当我们认为这些模板表单已经应用相对成熟时，一定要把它们纳入到流程制度中进行管理，所以培训管理者也要定期回顾一下常用的表单与流程制度中的表单是否一致，避免出现“两层皮”的现象。

此外，工作标准还是我们了解经常与我们配合工作部门的“窗口”，我们可以通过自己的岗位工作标准中涉及的别的部门的管理规定，透过流程制度这条线索，了解别人在同一件事情上的不同角色、不同工作内容和工作要求，有助于打破部门界限，促进相互了解，提高工作效率。

老 HRD 的智慧

文件系统是任何一个部门开展工作的根本大法，对培训部门尤为重要。培训部门作为职能支撑部门在工作中讲究的是方法、流程和制度。流程是驱动因素，告诉我们在培训中要分析受训者在流程中的角色和遇到的问题，以及通过培训后需要提升哪方面的能力；制度是约束因素，告诉我们如果不按照管理规定这么做，会有什么后果。制度流程下的模板表单会让员工的工作效率大大提升，同时我们也要高度重视数据的有效性问题，从规范输入和建立系统数据库入手。而要想让员工全面、彻底地了解所在岗位的工作，还需要学习岗位工作标准中的内容，因为在岗位工作标准中会把所有与该岗位相关的制度流程和表单做相应的说明，是提高员工执行力的最有效工具。

第五章

计划/实施

——明确工作重点方向

本章导读

无论做什么事，能够最终落地才最重要。前面我们谈到从长远角度看培训部门的使命愿景，也谈到从近期看培训部门的年度目标，并且要配套相应的流程和制度，这些都为培训工作的顺利开展提供了方向。在这一章我们将围绕如何挖掘培训需求、如何制订培训计划以及如何有效实施培训来展开讨论。

培训需求的挖掘是一切工作的起点，既包括从下到上的培训需求，也包括同级间的培训需求，还有从上到下的培训需求。单向地让业务或职能部门向培训部门提出培训需求是不够的，培训部门也应该要求业务或职能部门在培训后，将所学知识内化成为部门的内训课程，这样才能实现从“要他学”到“他要学”的转变。在培训需求确认后，要将培训需求变为各部门的考核指标，并尽可能运用项目管理的方法把培训计划落到实处。在实施过程中，培训部门要抓重点项目通过班级化来跟进，培训部门的最主要作用是资源和平台支持，要向各业务或职能部门赋能，而不是把所有的培训项目都揽在自己手中，只有“授人以渔”，才能起到事半功倍的效果。

5.1 需求挖掘：一切工作的起点

我们不能为了做培训而培训，简而言之就是培训要有目的性。培训的目的不是培训管理者拍脑袋拍出来的，而是由培训部门根据需求进行调查确定的。

5.1.1 多向挖掘培训需求

培训需求一般来源于三个方面，既有从下到上的需求，也有同级间的相互需求，还有从上到下的需求。

从下到上的需求：培训部门要求各个业务或职能部门从两个维度梳理各自的年度培训需求，并上报给培训部门。一个维度是基于各部门为实现各自年度目标而需要的培训。比如销售部门为完成年度目标需要开发更多的渠道资源，于是渠道开发培训可能就是其中的一个培训需求。还有一个维度是各部门根据部门内对照各岗位工作标准中"岗位应知应会"的要求，对比检查现在团队成员能力上的差距，从而提出内部培训、外聘培训或外派培训需求。

同级间的相互需求：在各业务或职能部门提出各自的培训需求时，有一些部门，尤其是职能部门会要求其他部门必须具备什么样的能力。比如，IT 部门新开发了一套业务系统，IT 部门就会发起一个业务系统的培训项目，要求相关部门来参加。再比如，财务部门需要各部门按财务要求进行预算管理的编写与填报，财务部门就会发起一个预算管理的培训项目，要求相关部门来参加。这些由职能部门发起的跨部门培训也成为各部门的培训需求。

从上到下的需求：这个培训需求一般来自公司高层或某个业务或职能部门的领导。每年从公司层面对一些特定群体提出培训需求，如公司的后备管理干部、特定的销售人员和特定的技术人员等，这类培训一般都是从战略层面考虑，提出相应的人才培养要求，由培训部门组织相应的课程资源、讲师资源并加以实施。也有些业务或职能部门领导为了解决某些重点业务问题，提出相应的培训需求，要求本部门人员独自开展或联合培训部门一起开展相关培训。

在上述培训需求的挖掘阶段，各业务或职能部门可否单向给培训部门提出要求？培训部门可否向业务或职能部门也提出相应的要求呢？如果您认同培训部门只是服务部门，只有满足业务或职能部门培训需求的义务，没有向他们提出相应要求的权利这一观点，那说明公司的培训还处在一个等、靠、要的阶段，处在这个阶段的培训部门会非常繁忙，培训花费高但是效果却未必显著。但也有一些公司，培训部门会把各业务或职能部门提报培训需求的部分落脚点放在各部门一定要承诺自行开发相应课程并培养相应的内训师，这样的培训需求就真正实现了从“要他做”到“他要做”的转变，否则年年提培训需求，年年上课，上完课后什么也没留下来，一旦参训学员发生变动，该部门又要重蹈覆辙，提报相同的培训需求。但如果通过外聘讲师的培训后，能够把一些要点总结成内训课程，并培养出自己部门的内训师，那效果将大大不同。

一般培训部门会统一要求培训需求的提报格式（见表 5–1）。

表 5–1　培训需求的提报格式

部门	培训需求来源：（1）年度目标（2）岗位工作标准	参训后/直接开发课程名称	开发课程类别：通用素质类 职业技能类 专业技术类 管理提升类 专题项目类	授课对象（具体到岗位名称）	课程用途：（1）部门内训（2）跨部门培训	课程开发人员	课程开发方式：（1）自主开发（2）外聘后开发（3）外派后开发	授课内训师	预算（元）	预计开发完成时间（季度）
市场部	年度目标	如何有效开发市场	专业技术类	销售部业务员	跨部门培训	张**	外派后开发	张**	3000	第二季度
人力资源部	岗位工作标准	面试技巧	职业技能类	招聘专员	部门内训	王**	自主开发	王** 李**	0	第一季度
***	***	***	***	***	***	***	***	***	***	***

从上表中的两个示例可以看出市场部的这个培训需求来源于部门的年度目标，市场部的张某某想花费 3000 元外出参加一个关于市场开发方面的培训，回来后在第二季度开发完成一个“如何有效开发市场”的课程，这个课在课程分类上属于职业技能类，课程开发好后由他给销售部的业务员做跨部门培训。另一个例子是人力资源部基于岗位工作标准发现招聘专员需要提升面试技巧，人力资源部的王某某想在第一季度自主开发“面试技巧”的课程，这个课在课程分类上属于职业技能类，课程开发好后由他给部门内部的招聘专员做部门内训。

有了这张表，就基本能掌握各业务或职能部门的培训需求了。此外，在上述收集培训需求的过程中，培训部门一定要和各业务或职能部门充分沟通，区分出哪些需求是能通过培训解决的，哪些需求是培训无法起到作用的。

5.1.2 明确需求确认需求

收集到所有部门的培训需求后，可以利用数据透视功能，对培训需求进行分析。一般会出现以下几种情况：一是培训资源可以进一步优化整合，比如假设多个部门提到要加强沟通技巧方面的培训，而且都是外派培训，那么培训部门就可以主动发起一个外聘培训。在了解各部门的具体需求后，把外部讲师请进来，从而大大地节省培训成本和培训时间，参训后依然需要指定学员做课程内部的消化。二是业务或职能部门不了解公司的培训资源，有些部门提交上来的培训需求是公司内已有的成熟的课程和内训师，只是有些部门不知道而已。三是授课对象过于笼统，有的部门提交上来的授课对象不清晰，只写了是哪个部门的，没有具化到哪个岗位上。如果授课对象不清晰，那么将来做课程开发时，就无法编写出有针对性的课程。四是课程开发人员过多，我们建议一个课程最多由 2 个人进行开发，而且这 2 个人还要经常保持沟通，有分工、有协作。如果开发人员过多，会出现最终没人对课程质量负责的现象。五是授课内训师过多，并非授课内训师越多越好。人越多，越没有人对授课效果上心，大家都想着自己不讲，反正还有别人呢。通常一门课不要超过 3 个内训师，如果开课需求量不大（每年开课 4~5 次），1 个内训师也可以，这样做的好处是内训师可以把一门课程讲得很透，如果每个课只讲一次，是不可能做到的。六是培训需求过多，有些部门填写了很多培训需求，但如果在参加完外聘或外派培训后不花时间去开发内训课程，培训效果的转化率将会大大降低，不仅浪费了资金，也浪费了时间、人力和物力，所以培训需求切勿贪多嚼不烂。七是预计开发完成时间总往后拖，有些部门总想把事情往后拖，有的索性将预计开发完成时间都放在第四季度。出现这种情况大多是因为提交部门不会利用培训这个资源，他们把培训当作一个任务来完成，所以拖得越晚越好。试想一下，如果把课程开发放在最后一个季度，那当年该课程对业务的帮助只能是微乎其微了。

将上述问题全部调整完毕，与提交需求的各部门确认完毕后，再加上培训部门自己所负责的全部课程（主要是满足从上到下的需求），就可以汇总出公司年度和季度的培训需求及培训预算，以此作为上级审批培训需求及预算的依据。如果需求和预算通过，则开始进入计划阶段，反之还需要继续与各部门进行沟通。

5.2 培训计划：统筹资源的保障

培训需求和预算经过审批后，就要通过详细的培训计划来实施。制订计划时，最重要的是要明确培训部门和业务部门的分工，要建立起谁发起培训需求谁是培训主要负责人的机制。培训部门在计划中，除自己要主导负责的培训项目外，对其他业务部门大多是起到提供资源支持、督促完成计划的作用。

5.2.1 培训需求变考核指标

一提到培训计划，培训管理者可能最先想到的就是打开一张大表格，上面布满了时间、事件、责任人、课程和预算等信息，然后马上就开始把所有收集上来的培训需求做成一个大的培训计划。其实，在制订培训计划时，首先要考虑的是角色的转变。不是所有的培训计划都应该由培训部门来做，各业务或职能部门也要负责部分培训计划的制订。培训部门应该承担更多的支持、监控和指导方面的职责，而非全权独自完成制订计划。

制订培训计划阶段经常会出现两个问题：一是业务或职能部门只负责提报培训需求，制订培训计划是培训部门的事。这个观点似乎司空见惯，但事实上培训部门不能大包大揽，做所有培训的发起者和执行者，那样不仅要投入大量的人力和物力，最主要的是学员会认为学习就是培训部门的事，这并非公司的管理者愿意看到的现象。所以，做培训计划首先要秉承谁发起培训需求，谁来做培训计划的理念，培训部门不可越俎代庖。培训部门应该多考虑如何让不同部门的培训计划做得更有效，比如可以提供统一计划模板；为各部门将来开发出来的课程和越来越多的内训师提前做好规划；整合不同部门的相同培训需求，统一做培训计划等前瞻性的工作。二是计划不如变化快，业务或职能部门先随意应付一个计划完事。如果做培训计划的业务或职能部门从一开始就缺乏对培训计划合理性和可实施性的考虑，势必在执行的过程中，计划就会经常改变，从而让做计划的部门感觉做计划没什么用，只是应付一下差事而已。其实只要做计划的部门认真结合自身的业务需求，制订出相对合理的培训计划，培训部门再结合培训的实施经验，给予业务或职能部门一些微调建议，这样做出的培训计划不仅切合实际，还可以建立起培训主要负责人的理念，真正实现从“让他做”到“他要做”的转变。

要想真正解决上述两个问题，光靠培训部门的倡导和要求是没有用的，只有将培训计划的制订与实施纳入到业务或职能部门的考核指标中，才能彻底有效地解决上述问题。这就要求培训管理者要赢得公司高层的支持，让他们认同“谁提需求，谁主要负责”的理念。各业务或职能部门要将按时完成各自的培训计划作为各自的考核指标。既然是考核指标，就要有明确的时间节点、指标完成说明，以及通过何种方式进行评估和验收。此时，各部门为了完成考核指标而制订意思的培训计划往往会更贴近实际，而且一般考核指标会细分成月度目标、季度目标、半年度目标和年度目标，这种阶段考核的方式也会倒逼培训计划更合理。有了绩效考核的要求后，该部门就会自然而然地将何时参加培训、何时开发完课程、何时安排内训师认证和何时安排授课等事情按时间的先后顺序落实到具体月份中去。目前，也有很多学习管理系统可以让每个管理者随时看到直接下级的培训完成情况，便于培训计划的监督执行。

培训计划也不是一成不变的。考虑到外界环境的变化因素，培训计划的考核指标可以根据实际情况每半年调整一次。

5.2.2 用项目运作管理资源

俗话说：“巧妇难为无米之炊。”无论是哪个部门制订培训计划，压在计划者身上的永远是“三座大山”：课程开发者、内训师和学员。我们经常是好不容易把课程确定了，讲师也请来了，学员又因为业务忙有很多请假不来的。如何找到一个方法将这“三座大山”都纳入进来统一管理呢？在多年的实践中，将培训计划分拆成不同的项目，用项目管理的方法来分别管控不同培训计划的实施，被验证是一种较为有效的方法。项目管理有以下几个好处：

首先，有人牵头负责。一般来讲，培训部门负责的培训大多都是跨部门实施的，这样就势必增加了培训实施的难度。所以，培训管理者要学会如何把一个个复杂的任务当作一个个项目来完成，把任务进行分解，让更多的人参与到项目中，承担不同的责任。每个项目都必须要具备几个重要角色：项目经理、项目总监和质量经理。光凭这几个角色，我们其实就已经变相增加了很多重量级人物来帮忙了，而非一个人孤军奋战。一个项目的立项阶段是最具有挑战性的，因为培训计划负责人要考虑如何让项目组成员的构成有利于缓解“三座大山”的压力，并且花时间找到合适的项目经理，与他深入沟通交流，明确项目的预期目标，以及需要哪些资源的支持，然后据此去邀请相关领导担任项目总监，再从培训效果的主要受益单位中邀请人员担任质量经理，让其从用户的角度把控培训质量。项目组核心成员确定后还要确定项目组成员，在讨论项目细节时，有时甚至会考虑是否需要修改现有流程制度文件，从制度层面去要求更多人参与此项目。由此可见，如果有这么多的资源来参与培训计划的制订，这个培训计划的实施效果一定能得到最大限度的保障。

其次，有明确的计划性。在项目的几个重要时间节点、重大里程碑节点都会提前计划安排。如项目启动会，前期动员工作非常重要，让所有的项目组成员了解该培训项目的阶段目标及最终目标，建立共同的使命感和责任感是确保项目顺利实施的关键。在项目实施的过程中，应定期召开项目例会，通报项目进展情况，共同商讨解决项目中存在的问题，会后一定要发出会议纪要，作为一个历史信息的记录，项目经理也会根据此纪要信息，监督责任人完成相应的任务。

再次，阶段成果汇报也非常重要。阶段成果汇报可以让所有相关领导都了解项目的进展情况。最后在项目结束时，开完项目评审会，请项目经理发一封邮件对所有项目参与者表示感谢，同时也为大家参加日后其他培训项目的积极性提前做好铺垫。

最后，当培训任务较多时便于管理。将很多培训任务拆分成不同的项目，分配给团队里的不同成员，各司其职，不仅有利于团队成员责任心的培养，形成“百家争鸣”的团队内部竞争机制，而且便于并行管理，出现问题时不会眉毛胡子一把抓，可以分别有重点地给予支持。

5.3 培训实施：思路比做法重要

确定好培训计划后，如何让各个培训项目得以顺利实施，需要有一个清晰的思路。各个培训项目的重要性肯定有所不同，我们要做到抓大放小、授人以渔。

5.3.1 抓重点项目班级运作

在制订培训计划时，培训管理者应该按照培训项目对业务影响的重要程度、对业务影响的紧急程度、是部门内训还是跨部门培训、覆盖人员的范围、培训持续时间的长短和项目花费的多少等因素区分培训项目的重要性。将那些对业务有重大影响的、跨部门的、持续时间较长的重点项目挑选出来，与项目经理协商如何有效地进行管理。目前，越来越多的人才培养项目都趋于通过数月的系列课程进行培养，而且每次的参加学员都非常稳定，所以采用班级化的运作方式会取得比较好的效果。

所谓班级化运作，就是要成立一个班级组织，要有班委、班主任或辅导员，还要有相应的班级管理规定。这样做的好处如下：

一是有组织便于团队协作：通过民主选举选出班长、组长和生活委员等角色为班级服务。一旦形成班委，学员之间就会形成既协作又竞争的关系。协作是因为他们是同班同学，在数月的时间里，大家在一起学习，虽然每个月相处的时间不多，但积少成多，日久生情，无论在工作还是生活中，有问题都可以相互帮助。而竞争是因为有小组的概念，不同小组之间会形成竞争关系。为了更好地支持班委的工作，培训管理者还可以为每个班级配备班主任，提供必要的组织支持。班主任一般由培训部门的培训专员担任，承担类似定期发放课表、成绩公示、协调讲师资源、印刷培训教材和预订培训场地等工作。在实践中，有的公司还为班级配辅导员，辅导员可以视项目大小找公司相应层级的管理者来担任，目的就是让学员感受到公司的重视程度，同时作为辅导员的管理者也可以自己或邀请其他管理者定期在班级内部进行经验分享，使班级学员能学有所获、学有所成。

二是通过机制管理团队：国有国法，班有班规，要想让班级化运作起到应有的作用，就必须在培训管理制度中增加关于某某培训项目实施的班级管理规定。对班级成员在数月课程学习中的行为规范提出相应要求。培训部门可以在班级管理的规定中，对上课期间学员的旷课、考试未通过和不按时交作业等情况进行扣分或处罚；对于上课回答问题积极、主动完成作业和主动开展课后小组活动等的学员给予加分或奖励。通过定期设置一些课外活动，来促进学员彼此间的交流，形成积极向上的学习氛围；定期公示小组及个人成绩，形成竞争机制。如果项目中有多个班级，还可以设置班级成绩评比活动。有了班级的概念后，讲师在上课前，就可以对这个班学员的个人情况、学习情况和得分情况有个大概了解，从而更有针对性地进行讲授。

三是有助于学员补课：如果学员人数较多，我们通常会将他们分成不同班级，每个班级的课程设置相同，只是上课的时间不同。如果哪个学员在自己所在班级开课时因业务原因无法参加学习，那他就可以在下一个班级开设此课程时进行补课，方便落课的学员及时跟上学习进度。

5.3.2　授人以鱼与授人以渔

培训部门在培训项目实施的过程中要把自己定位为管理部门而非事无巨细的服务部门，不能什么事情都想一帮到底。有些公司培训管理部门的人员非常辛苦，每天都在主导发起不同的项目，从开始参训学员的组织、开课的通知和培训资源（讲师、教材、教具和场地）的准备提供，到课堂上学员的管理、讲师的服务及反馈，再到课后作业的跟进和教材的改进，等等，事无巨细、经常加班。虽然出发点是好的，希望给学员和讲师提供全方位的服务，但随着培训项目的增加、服务学员人数的增加和项目复杂程度的增加，如果培训部门不改变旧有的服务方式，将会越来越难满足学员不断变化的需求。

其实培训是讲师、学员和组织者三方的事，作为组织者的培训部门与其做很多授人以鱼的事，不如多想些能够“授人以渔”的方法。可以从以下几个方面来参考：

一是找培训对接人：上面提到的对于长期开班的课程成立班委就是一个好办法。平时在与班级的沟通过程中，培训部门要特别注意维护班委的威信，如无特殊情况，不要越过班委直接与学员对话，要通过班委的力量来管理学员。此外，培训部门要负责各业务或职能部门的课程开发和推荐讲师，所以可在每个部门确定一个培训对接人。有的公司虽然有培训对接人，但形同虚设。对培训对接人的选择并不是随意指定一个人就行。首先，培训对接人最好是自己有意愿；其次，要和培训对接人的经理进行沟通，让经理了解对接人要做的事情以及对部门能起到什么样的作用。同时，还要对培训对接人进行培训，将培训部门常用的工具、平台使用方法、如何评审课程和如何做讲师认证教给对接人，让他的能力有所提升，而不是让对方感觉就是简单的工作任务布置与提交。

二是资源共享给讲师和学员：可以把培训中常用的资源，比如培训计划、培训教材、视频材料、讲师信息、参训信息和培训管理规定等放到固定的、可共享的位置，便于讲师和学员随时查阅和下载。有条件的单位还可以建立一套培训管理系统，从而更有针对性地让讲师和学员看到他们需要看到的信息。资源共享的开放程度，决定了培训部门“授人以渔”的实施程度。

三是制定培训管理规定：平时最占用我们时间的就是沟通。其实很多沟通都是重复的、低效的，比如，每次和课程开发者沟通开发注意事项，和讲师沟通授课注意事项，和学员沟通上课注意事项，等等。如果我们把这些需要针对不同人重复沟通的内容写进培训管理规定，从制度层面让相关的人员提前了解到，遇到问题时可以找到管理规定进行查阅。如果大家发现管理规定有不完善的地方，那我们就继续优化管理规定。总之，要找到更多有效的办法来达到众人拾柴火焰高的效果。

培训实施的最终价值体现在系统和人上。通过授人以渔逐渐打造出的培训运营系统是体现公司培训核心能力的一个重要方面，无论人员怎样更迭，运营系统是连续的，而且可以不断地进行优化并持续改进。也只有基于这个系统，才能源源不断地培养各方面的人才，服务公司的不同岗位，不断发挥他们的价值。

老 HRD 的智慧

培训需求的挖掘是一切工作的起点，既包括从下到上的培训需求，也包括同级间的培训需求，还有从上到下的培训需求。单向地让业务或职能部门向培训部门提出培训需求是不够的，培训部门也应该要求业务或职能部门在培训后，将所学知识内化成为部门的内训课程，这样才能实现从“要他学”到“他要学”的转变。在培训需求确认后，要将培训需求变为各部门的考核指标，并尽可能运用项目管理的方法把培训计划落到实处。在实施过程中，培训部门要抓重点项目通过班级化来跟进，培训部门的最主要作用是资源和平台支持，要向各业务或职能部门赋能，而不是把所有的培训项目都揽在自己手中，只有“授人以渔”，才能起到事半功倍的效果。

第六章

团队建设

——重在打造高效队伍

本章导读

所有的成绩都是团队努力的结果。打造一支强有力的梦之队对于任何一个培训管理者来说都是梦寐以求的事。从找人、用人、育人到留人，每一步都非常关键。但天下没有不散的宴席，团队成员会经历成长、晋升或者也可能被跨部门调动，有时甚至培训管理者自身都有可能发生工作上的变化。那么作为一个培训管理者，什么才是最重要的呢，本章我们就从众志成城、人事并重和结果导向三个维度来进行探讨。

有一句话说得很好：要想走得快，一个人走；要想走得远，大家一起走。要想打造一支价值观一致、执行力强的团队，需要培训管理者根据团队不同的发展阶段以及团队成员不同的状态，通过灵活运用社交风格和不断调整自身的领导风格来激活每一个团队成员。同时还要注重流程制度和岗位工作标准的建立和优化，只有这样，这支团队才是可以打大仗、打胜仗的团队。

6.1　众志成城：志同道合非常重要

不同人对同一件事情的看法可能会千差万别。子曰："君子和而不同，小人同而不和。"如何打造一支"和而不同"的团队，我们在这个小节里从合适和合格两个维度来分析。下图中按两个维度分成了四个象限，下面就围绕这四个象限来展开讨论。

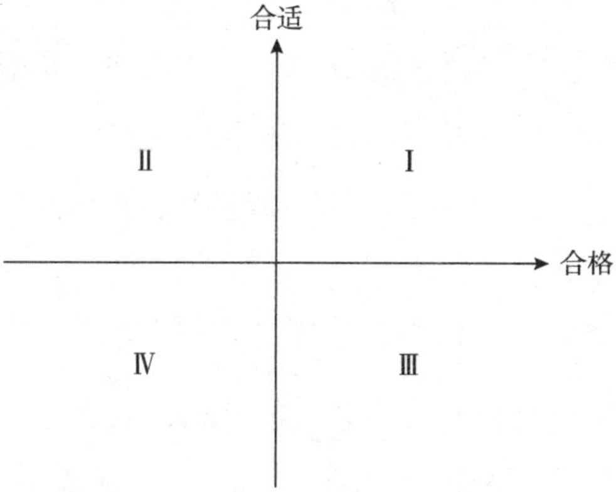

图 6–1　人才四象限

6.1.1　信念价值观要一致

首先我们来思考一个问题，如果我们选择团队成员，我们更看重他的价值观还是更看重他做事的能力。价值观和我们比较一致的我们称之为"合适"的人才，能力满足我们要求的我们称之为"合格"的人才。I 象限——既合适又合格：这样的人才当然很好，但是非常难找。即便找到了，我们也一定要了解清楚他将来的职业生涯发展规划，并且看看自己部门的岗位是否能满足他的要求，否则即便招进来，这样的优秀人才干一段时间后也会流失掉。II 象限——合适但不合格：这样的人表现为认同公司的价值观，做事的理念也和团队成员一致，但做事的能力和经验不足，需要进一步培养。在前面我们讲过人生理解层次，价值观是在能力层面之上的。所以只要他认同公司的发展方向，愿意学，能力是可以培养出来的。而且在培养的过程中，员工往往会对帮助他成长的部门或领导心存感激，这也增加了这个员工在团队里的稳定性。III 象限——不合适但合格：这样的人表现为能力不错，能独立完成任务，但经常我行我素，和团队其他成员工作时不合拍，无法融入团队。这样的人在短时期需要攻坚克难时还可以用一下，但长期在团队中就会破坏团队的合作氛围，对其他团队成员造成不良影响，所以要慎用。IV 象限——不合适也不合格：这样的人肯定不是我们要找的人。但在现实工作中也确实存在这种现象，比如领导安排一个貌似既不合适也不合格的人员到部门来。这时我们先不要戴着有色眼镜去看人。先了解一下他的长处，尽可能发挥他“合适”或“合格”的一面，如果实在是既不合适也不合格，再想办法为他寻找适合他的别的部门机会。

由此看来，大家具有相同的信念、价值观非常重要。我们在第一章谈到过“人生理解层次”这个概念。其中讲到信念和价值观属于人的潜意识层面，而人的行为和能力属于意识层面，对我们的最终行为和做事方式影响最大的还是我们的潜意识。人是因为相信而做到的。如果有人认为是“因为做到才相信”，那他就会更注重“合格”人才的选用，而忽略了那些目前能力可能不合格，但非常“合适”的人才培养。

在我曾负责过的培训部门中，为了加强大家在信念和价值观层面的共识，我们建立了如下团队信念：一是我们始终保持谦逊、学习、服务的心态；二是我们要打造具有某某企业特色的中国某某行业企业大学品牌；三是我们要不断成长，不是因为规模扩张的要求，而是因为责任和担当；四是我们追求客户第一，我们最大的财富就是客户的信任；五是时刻牢记，离开平台、离开客户和离开合作伙伴，我们将什么都不是；六是我们要先“自善”，然后再“惠人”，在“惠人”中不断体现我们的价值；七是我们要将培训职能变成公司各部门发展的鲇鱼；八是学习技术不应该成为专家的工具，而应该是普惠的、共享的；九是开心工作、感恩家人和乐观生活。如果我们能找到一支认同上述信念的团队，我们将无往而不胜。

6.1.2 能力是折腾出来的

在认同信念和价值观的基础上，我们来谈谈如何提升员工的能力。有些领导认为能力需要慢慢培养，而有的领导认为能力的提升是逼出来的。我个人比较认同后一个观点。俗话说得好，人无压力轻飘飘。给予员工适当的压力，非常有助于他能力的提升。记得有一本书的名字叫作“干部是折腾出来的”，把“干部”两字换成“能力”也同样适用。以前在惠普培训部的时候，我的老板就总结了三个方法，即压担子、练胆子、争面子，多年来我一直在运用，效果比较明显。

压担子：就是指要敢于给员工布置一个对他能力有挑战的任务。有些领导平时总担心下属能力不够，不敢把复杂的任务交给他，越是这么想，下属的能力就越难得到提升。因为他总是做他力所能及的事情，突破不了他的舒适域。人只有突破了自己的舒适域才有成长的可能性。我们可以适当地给员工压些担子，看看他的反应程度，如果没问题，就说明员工还有潜力可挖，还可以继续压更多的担子。对于那些能力强的员工，给他们更大的压力或更多施展的空间会让他们觉得更加充实，如果工作没有任何挑战和难度，反而会造成优才的流失。在压担子的过程中，员工的能力也会随着担子的加重而逐步得到提升，当然在这个过程当中，我们管理者不是只发号施令，那样只会偃苗助长，我们要视不同员工的情况给予工作上不同程度的指点和帮助。

练胆子：对于能力比较强、有责任心的员工，适当给他们一些锻炼的机会，授权让他们做些事情，看看他们敢不敢做决策。比如，可以把一个培训项目的策划、实施和总结完整地让一个员工负责，在项目进行期间，只要我们认为结果可控，就不干涉，看看员工到底如何处理遇到的问题，看看他到底敢不敢做决策。当然作为管理者，我们要对最终结果负责，有没有胆量完全放手让员工去做，也要看我们对员工的了解程度和对未知结果的承受能力。

争面子：让优秀的员工多在领导面前崭露头角，增加领导对他们的印象。比如以往我是直接向董事长或总经理汇报培训部下面各科室或各学院的工作情况。对于比较优秀的员工，可以让他汇报他所在科室或学院的情况，也可以让他汇报一个他独立负责培训项目的完成情况，锻炼他在高管面前的表达能力和现场应对能力。这对于员工来讲，既能锻炼他的能力，也是一种莫大的激励。

培训管理者要想方设法通过各种有挑战的项目来折腾员工，不要怕自己做错误的决定。当员工受挫时，不要急于给答案，鼓励员工自己去找解决办法。可以借鉴京东刘强东曾经对下属说过的一句话："我请你来，不是证明我的决策是错误的，我请你来是把我的决策落实到位，执行到位！如果有困难，你要想办法去完成。"我认为这句话说得特别好，它可以激发员工的斗志。有时你会发现，员工在压力下做出的成果远远超乎我们的想象。所以，工作上毫无挑战、一帆风顺是绝不可能打造出一支高素质的队伍的。敢于给员工创造锻炼机会、敢于让员工试错，只有这样，才能在实现团队目标的过程中把团队成员培养出来。

6.2 人事并重：管人、理事不可偏颇

所谓管理就是管人、理事。在实际工作中，我认为先要有做事的规矩，然后再看如何带团队。在团队的不同发展阶段，管人、理事的重点也有所

不同。本小节我们将讨论在团队发展的不同阶段，培训管理者如何做到人事并重。

6.2.1　阶段不同，做法不同

塔克曼模型是当今全球通用的关于团队建设发展阶段的分析模型（参见图 6–2）。

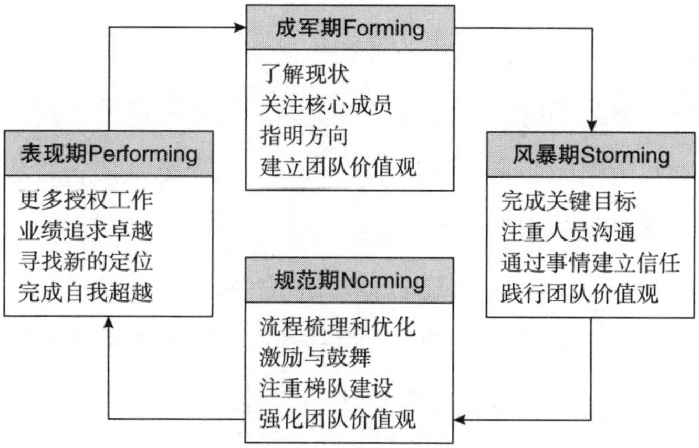

图 6–2　塔克曼模型

这个模型告诉我们，任何一个团队的成长都会经历四个阶段：成军期、风暴期、规范期和表现期。

成军期：团队刚刚组建或向已有团队“空降”一个新的管理者。此时对管理者的要求是先摸清团队的内部、外部情况。例如，公司以前是否有类似的培训部门，成立这个部门领导有什么期望，同级部门对此部门如何评价，团队成员都来自哪里，等等。之后便要开始通过一对一沟通来识别核心团队成员，并尽快为大家指明工作开展方向，同时初步建立团队的价值观。只要有了工作方向和工作准则，大家就可以动起来，而非等待、观察和停留在原地不动。

风暴期：之所以叫作风暴期，是因为在这个阶段管理者一定要带领团队排除“千难万险”，做出业绩来，所以各方面都“压力山大”。在此期间，重点是把事情做成功，与团队成员的信任也是通过一个又一个任务的完成建立起来的。管理者在此期间一定要通过一两件自己擅长且让团队成员信服的事情来建立自己的威信。同时，在确保任务完成的前提下还要以身作则，践行团队的价值观。

规范期：经过风暴期的洗礼，此时培训管理者应该总结收获的经验与教训，开始做流程的梳理和优化。在规范期一定要把制度建设做好，为后面的表现期打下良好的基础。通过建立机制让大家相互激励与鼓舞，形成积极向上的工作氛围。与此同时，培训管理者要开始关注梯队建设问题，让那些认同团队价值观、有能力、有责任心的团队成员承担更多的管理责任，作为后备管理干部来重点培养。

表现期：这个阶段的团队成员的成熟度相当高，可以让他们有更多的授权。稳定的高业绩也是这个阶段的主要表现。此时培训管理者应该努力寻找部门新的创新点或是寻找新的岗位挑战一下自己，一来借助已取得的成绩有资格与领导沟通，让自己可以有更好的发展方向；二来可以给下面的人更多上升的空间。所以，在每个不同的阶段，培训管理者关注的事情都会有所不同，对人员的关注点也会有所不同。

6.2.2 认知自身社交风格

培训管理者在与不同的下属沟通时，有时候会觉得和下属“情投意合”，但有时候也会觉得和某些下属“八字不合”，很多管理者认为是管理方法不对，但无论怎么调整管理方法，到头来还是觉得相处很别扭。其实导致这种现象的原因未必是管理方法不对，有可能是因为两个人的社交风格冲突而造成的。

什么是社交风格？社交风格就是在人与人的交往中，某个人表现出来的独特行为、感受和思维模式。有很多工具都可以测试不同人的社交风格，常见的工具有 PDP、DISC、MBTI、BIG5 等，我们这里引用的是 PDP 测试工具。PDP（Professional Dyna–Metric Programs）是一种测量个人的思维模式和行为习惯的动态综合评估系统，是由美国南加州大学统计科学研究所与科罗拉多大学行为科学研究所共同发明的专利。它把人的社交风格分为四种基本类型：老虎型、孔雀型、考拉型、猫头鹰型。我们分别从每个类型的特点、适于做哪些类型的培训工作，以及如何与这种类型的人沟通来一一讨论。

老虎型：他们经常是以权威或命令的方式说话，直接、简单或强势，有什么说什么，可能会与别人引起轩然大波，但他们觉得无所谓。老虎型的人非常开放且勇于冒险，喜欢能获得报酬或有明确结果的事情，所以比较适合做一些需要开创性的、有明确成果要求的培训项目。我们在和老虎型的人沟通时，要给他们直接、简明的信息，不要讲太多细节。当有冲突发生时，不要觉得困扰，因为他们是对事不对人的。不要告诉他们“这件事向来都是这么做的”。

孔雀型：他们经常是推销者、说服者，想法可能一个接一个，但重点不连贯。孔雀型的人也很乐观，会体贴别人。孔雀型的人比较适合做外联工作，和培训供应商、平台供应商等联系。同时孔雀型的人也有做内训师的潜质，因为他们非常愿意表达和分享。我们在和孔雀型的人沟通时，要认同并肯定他们，赞美他们，要用说服而体贴的方式，才能得到最佳响应，因为他们喜欢在被欣赏和被表扬的状况下工作。

考拉型：他们经常是温和、友善和小心的，希望能尽量配合别人的工作，不喜欢争论和竞争的氛围。他们面对一个新事物或新环境，需要时间去适应，他们喜欢重复而不变的动作和工作程序。考拉型比较适合做常规培训项目的实施，就是每年都有的固定培训项目，如新员工培训、岗前培训和安全培训等。我们在和考拉型的人沟通时，要做个有同理心的倾听者。当他们发言时，千万不要打断他们。也不要经常和他们开玩笑，他们会当真。考拉型员工适应环境较慢，所以要给他们时间去适应新环境和新事物。

猫头鹰型：他们经常是谨慎的、巨细无遗的和要求精确的，总想要“做正确的事”，对“是非对错”和公平有一套严格的个人标准。猫头鹰型的人比较适合做培训运营体系的数据维护、预算管理、教材开发等和数字、逻辑打交道比较多的工作。我们在和猫头鹰型的人沟通时，不仅要多说细节，有数据支撑，而且对表达内容的先后顺序也要加以考虑。和他们讨论问题时，要避免和他们发生争执和冲突，除非你有足够的支撑数据能够让他们信服。不要用批评的语气和他们交流，他们不喜欢批评。应该给予他们应有的赞赏和尊敬。

那我们怎么知道自己是什么类型呢？只要在百度上输入“PDP 测试”，就会有免费的资源帮我们做简单测试。在实际工作中，大多数人都不是绝对的单一类型，都会表现出几种类型的综合特质。有的人具备上述两个类型或三个类型，还有的人具备四个类型的特点。我们对具备四个类型特点的人用“变色龙型”来表示。“变色龙型”具有很强的适应能力，是一种非常好的社交风格。

其实，我们学习社交风格并通过一些测试工具了解自己的社交风格，不仅仅是为了知道自己是什么样的风格，更重要的是要根据别人的社交风格，找到与之交流的有效方法，正所谓“知己知彼，百战不殆”。一方面我们要更深入地了解自己的特性，另一方面通过观察别人的行为举止，可以大概推断出他具有哪些类型的特征，从而用他可以接受的方式与他进行有效的沟通，起到处理好团队内部、外部人际关系的作用。

6.3 结果导向：管理者对结果负责

如果说管理者只做三件事，那么该如何高度概括呢？在惠普工作时，大家认为管理者应该做的三件事是：制订计划，与他人共事，对结果负责。我认为这个提炼还是非常精准的。在这三件事里，如果再让你选择一件最重要的事，我想可能大多数人都会选择“对结果负责”。因为前两件事都是为了达成结果而做的。所以，本小节探讨管理者该怎样对结果负责，该对哪些结果负责。

6.3.1　调整自身领导风格

对结果负责，并不是说管理者凡事都要事必躬亲，把每一件事都做好。恰恰相反，管理者应该通过团队成员的努力来确保目标的完成。那么该如何调动团队成员的积极性呢？我们在上一节学到我们每个人都有自己的社交风格，作为管理者，每个人还会有自己的领导风格。那什么是我们的领导风格呢？其实，两者有一个最根本的不同点，就是社交风格不太容易改变，而管理者的领导风格要随着不同的人和事随时进行改变。

关于领导风格的描述和分类，业界有不同的版本，但都大同小异，我就以其中的四分法来进行说明（参见图 6–3）。

图中按照工作和关系两个维度分成了四个象限。我们分别来介绍一下四个风格的特性。指令型：高工作、低关系。就是“慈不养兵”，管理者不用把时间放在和员工搞好关系上，要把工作的重点放在给予员工清晰的指令，并且要求员工必须按命令执行。教练型：高工作高关系。要求管理者既要关注事也要关注人。要向员工明确工作目标和工作方法，在员工做事的过程中，根据遇到的困难给予必要的指导和激励，同时对结果进行监督和跟踪。支持型：低工作高关系。要求管理者要少关注业务，不在业务上对员工进行指导。要花时间多关心下属工作以外的需要，关心他人困难，多些体贴和理解。授权型：低工作低关系。管理者在确保员工对目标的理解正确无误后，充分让员工自主决定问题该如何处理。但是授权不等于放权，也不等于分权，因为管理者要对最终结果负责。

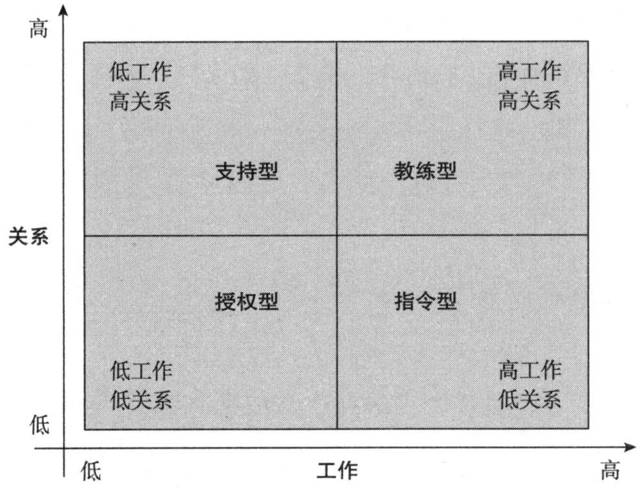

图 6–3　领导风格

那么，这四种领导风格应该如何应用到工作中去呢？我们前面已经提过，要根据不同的人和不同的事两个维度来调整自己的领导风格。当员工对业务不熟悉，但又想把业务做好时，管理者此时用指令型能够快速见效；当员工有了一定的经验，但遇到困难仍需要进行指导时，教练型的风格就比较适合帮助他们；对于一些业务资历比较老的员工，管理者显然不能在业务上再给予更多的支持，此时支持型领导风格的做法就会派上用场；如果员工各方面都非常优秀，自然我们用授权型就可以了。

我们还可以按照员工的能力和做事的意愿两个维度来看如何运用领导风格（参见图 6–4）。

对于新员工，他们做事的意愿很高，但能力较差，所以管理者多用指令型风格；当员工工作一段时间后，热情会下降，工作积极性不高，表现出有能力但发挥不出来，此时管理者多用教练型风格；随着员工工龄的增加，技能不断提升，但也会因为对公司各方面都过于了解而导致没有激情，意愿度较低，此时管理者多用支持型风格；最后对于高技能和高意愿的员工自然要用授权型风格。

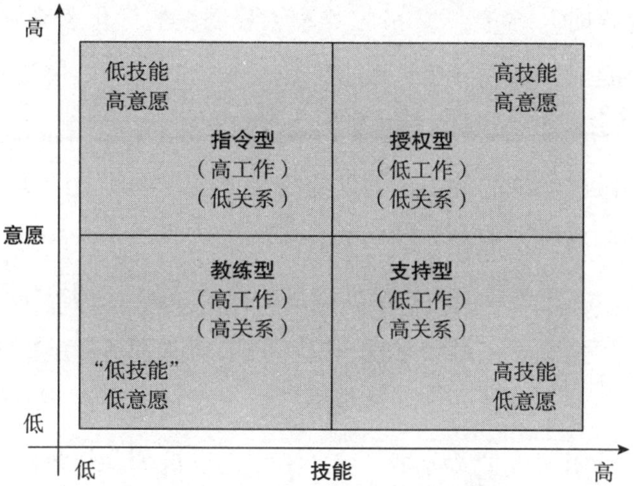

图 6-4 领导风格与员工准备度对应图

管理者不断地调整自己的领导风格，就是为了让员工能够更好地接受管理者给予的指导，从而高效地完成任务，实现既定的工作目标。如果管理者只具备单一的领导风格，无法因人或因事作出及时的调整，最终可能会导致团队执行力不强、人心涣散等不良后果。

6.3.2 造钟比报时更重要

如果培训团队年底圆满完成任务了，作为培训管理者，此时应该做什么？可能大部分的回答都会是开庆功会、发奖金、让员工带薪休假，等等，这些确实都应该做，可还有一些事情也许更加重要。试想一下，有没有可能虽然任务完成了，但员工的能力并没有提高，业务流程也不是最优状态，也没有把一些该规避的风险都写到流程制度和岗位工作标准中，当明年任务指标上涨或面临更大的挑战时，问题就会暴露出来，到那时再去补救，就为时过晚了。

当下的业绩结果只能说明过去，任何业绩都是人在一定的环境下做出来的。在第二章第二节中我们提到过"报时"与"造钟"的概念。我们把做出业绩比喻成“报时”，而把人才的培养和流程制度的优化比喻成“造钟”。无论是对公司还是对团队领导个人而言，业绩永远只是一个快照而已，真正有价值的是做出业绩的人和做事所依靠的流程制度和岗位工作标准。

关注那些做出业绩的员工，不仅要满足他们在物质上的要求，还要给予他们精神方面的激励。下面列举一些具体的方法。一是邀请做培训项目又多又好的员工给团队成员分享他做培训项目的成功经验，让他感觉自己被重视，这样做既提升了这个员工的荣誉感，又提升了团队的整体做事水平。二是将工作主动积极、客户满意度高的员工外派参加培训或参观考察，打开他们的眼界，回来后给团队成员做分享。三是不定期宴请那些绩效出色、平时加班较多的员工和他们的家属，对他们家属的支持表示感谢；搞一些团队建设活动，比如打球、看电影、郊游等，并邀请员工的家属一起参加。四是对常年绩效都比较好的老员工，可以让他们带几个下属。在这个过程中，教他们如何从个人管理向团队管理进行转变，提升他们带团队的能力，教他们如何把不同成熟度的团队成员带出来，让他们产生业绩，这不仅提升了团队的整体业绩，而且对老员工来讲既是一个挑战，也是一个再成长的过程。还有很多方法，包括在本章第一节中讲到的“压担子、练胆子、争面子”等，都是从多方面关注人的感受，提高他们的工作积极性，最终还是为了确保能持续地完成结果目标。

对于一些比较成熟的公司来讲，流程制度和岗位工作标准的重要性可能比人的重要性还要大。俗话说得好：铁打的营盘，流水的兵。只要有了相对完善的流程制度和岗位工作标准，人员的流动就不会对公司的业务产生重大的影响。我之前在外企和民营企业都工作过，明显感觉到外企的流程制度要远远好过民营企业，以前在外企觉得每天都要在遵循流程制度上花很多时间，开很多会议，内部沟通比外部沟通要更复杂，感觉效率“较低”。可到了民营企业一对比，流程制度是少了很多，但带来的问题更多，会议更多，而且开会没有套路，经常“夜总会”，就是开会总到深夜，相比较而言，原来在外企虽然会议多，但大多比较高效，目标明确，职责清晰，很少扯皮，这些都得益于流程制度的完善。所以，无论外企的人员怎么更迭，甚至是高层更迭，对企业的影响都不会太大。岗位工作标准在很多企业都是形同虚设，在第四章第三节中已经阐述过它的重要性了，这里就不再赘述了。

由此可见，培训管理者在完成培训任务指标的同时，一定要关注人、关注流程制度和岗位工作标准的改善，让业绩结果能够持续保持。

老 HRD 的智慧

有一句话说得很好：要想走得快，一个人走；要想走得远，大家一起走。要想打造一支价值观一致、执行能力强的团队，需要培训管理者根据团队不同的发展阶段以及团队成员不同的状态，通过灵活运用社交风格和不断调整自身的领导风格，来激活每一个团队成员。同时还要注重流程制度和岗位工作标准的建立和优化，只有这样，这支团队才是可以打大仗、打胜仗的团队。

第三部分 正术——师资和评估很关键

培训内容和培训讲师是培训工作的两大核心要素，也是非常关键的基础要素。万丈高楼平地起，课程就像地基，是所有培训工作得以顺利开展的基础。好的课程能否被学员接受，培训讲师所起的作用不容小觑，一个培训讲师既可以点燃、激发学员的学习兴趣，也可以浇灭学员对知识的渴望。在验证培训内容和培训讲师是否能起到预期的培训效果时，培训评估就显得尤为重要了，本部分将从培训内容、培训讲师和培训评估三个章节进行详细的阐述。

第七章

培训内容

——决定了培训的广度和深度

本章导读

所谓培训，就是要把某些知识通过讲师或某种媒介传递给学员。而这些知识点也就是我们所说的培训内容。培训内容的质量好坏、广度和深度直接影响最终的培训效果。在实际工作中，培训部门的课程无非来源于两个方面：外部采购和内部开发。外部采购的课程内容往往是结构性强，吸引人，但却很难落地，因为开发者很难从甲方问题的本质出发去设计内容。即便能提供定制化的培训，在短时间内也只能是隔靴搔痒。这并非说外部采购的课程不好，而是培训管理者对外购课程的定位要清晰，不能期盼外部采购课程立竿见影地解决当下的问题。所以，培训管理者还是要把培训内容的重点放在内训课程的开发上。本章将重点讨论如何做内训课程开发，如何做课程认证，以及如何保持课程内容的更新。

课程是培训管理工作的灵魂之一。课程开发者根据业务遇到的问题或员工亟待提升的能力，明确授课对象后，将公司现有的、有价值的经验总结出来，通过规范的开发方式让课程的结构非常清晰，无论对学员还是其他讲师来讲，都非常容易抓住课程的要点。课程包把与课程相关的所有重要文档都收录在一个文件夹内，经过严格的内训课程评审之后，一门好课程就具备了待优化的基础。开发者或讲师在评审通过后还要通过授课不断地发现问题与优化内容。

7.1　实用至上：如何做好课程开发

作为培训管理者，在大量的课程被开发出来之前，首先要把课程架构搭建出来，这样才能确保将来数以百计的课程能够被有效地分类、管理和查找。在前面第四章文件系统中我们提到过，在课程管理规定中首先要将公司内不同的课程类别进行定义和区分，一般我们把课程分为通用素质类、职业技能类、专业技术类、管理提升类和专题项目类。通用素质类是指和员工基本素质要求相关的课程，如时间管理、会议管理、有效沟通等课程；职业技能类是指和员工岗位应知应会相关的课程，是新员工到岗后必须掌握的基础课程；专业技术类是指涉及各岗位的专业技术、能有效提升员工技术水平的课程；管理提升类主要是指提升各级管理者管理水平的课程；专题项目类是指公司不定期发起的专题项目，如销售业绩提升、客户质量投诉等涉及的课程。确定好课程类别后，我们再来看看达到什么样的标准才是好课程。

7.1.1　好课程有哪些标准

在我 1997 年进入惠普公司工作的时候，办公室墙上的四个大字“选对做好”给我留下了深刻的印象。这个四字箴言同样也适用于评价课程是不是一个好课程。首先我们需要界定一个问题，就是到底应该开发什么样的课程，只有先开发对了，才能看好课程的标准。那到底应该开发什么样的课程呢？至少要从以下几个方面来入手。一是紧贴公司业务发展和提升员工岗位能力：用通俗话来讲，就是要么“应急用”，要么“打基础”。“应急用”往往是解决公司实际遇到的一些具体问题，把解决方法制作成课程。而“打基础”则是基于岗位的胜任力不足，需要通过开发课程提升员工的能力来解决。二是适用人群较广泛或有一定的培训需求量：如果我们辛辛苦苦开发出一个课程，受训学员非常少，而且一年也上不了几次课，那我建议不要开发此课程。三是内容相对成熟、稳定，对员工的行为有实际指导作用：一般来讲，开发的课程都是对经验的总结和梳理，所以“复盘”内容大于“创新”内容，如果课程内容本身就不成熟，那就意味着后面还要有大的调整和更改，所以不建议马上开发此课程。四是能够清晰地界定授课对象：我们有时开发课程完全是以知识点为中心，为了开发而开发，而非以授课对象为中心进行内容开发。这样的课程看上去像个大词典，包罗万象，但往往缺乏有针对性的内容。所以，在开发课程之前，应该先问问自己上述四个问题。

那么衡量内训课程开发质量的标准是什么呢？可以从以下五个方面来评价。一是大纲的表达有层次，各层次间的逻辑性强：为了让课程结构更加清晰，要求课程开发者必须将每个 PPT 的标题体现在 PPT 的大纲视图中。有了大纲视图，即便是上百页的 PPT 也可以让其他讲师或学员在一分钟之内迅速抓住课程的主线及各章内容之间的关系，大大地提高了课程的可阅读性，而且还可以检验课程内容之间的逻辑关系是否正确。二是能与公司的制度流程相结合：在课程中能引用公司的相关流程制度作为材料说明，增强学员对流程制度的敬畏和理解。尤其是在课程中加入一些流程制度中的表单，通过实际的表单样例告诉学员到底该如何填写，增加课程的实用性。三是在课程中加入一些练习，对课后的行为起指导作用：学员学得再多，不练也不知道效果怎样。可以在课程中根据内容的需要，添加一些基于实际场景的知识问答或实操练习，让学员从被动听到主动说、主动做。实操练习尽可能用学员平时工作用到的系统、软件或工具来进行。四是有完整的课程配套文件：比如讲师用书、学员用书、附带案例、视频、考题等相关文件。五是内容生动、动画呈现：不能是文字满篇，要有图片或表格穿插进来。如果某页 PPT 确实需要很多文字来说明，也应该将 PPT 中的重点内容加粗或换个颜色来呈现。PPT 应结合讲解时与学员的互动做动画放映设置。很多讲师认为，做动画放映设置就是为了视觉效果，其实不然，主要是为了让学员回答问题或促使学员主动思考而设置，这样更有利于激发学员的听课兴趣。

作为培训者，我们应知道什么样的课程应该开发，一个好的课程应该具备什么样的标准。

7.1.2 好的课程如何开发

在开发课程之前，首先要在课程的“前言”中确定几个关键问题。一是授课对象：这个课程为谁开发。这个问题看似简单，也很好确定，但实际上是最难界定的。课程开发者经常只是粗略地想一下授课对象是谁，就急匆匆地开始开发课程。等课程开发完毕，再回顾对授课对象的针对性时，往往会发现有很多内容是从知识点的角度出发编写的，适用于很多不同层次的授课对象，而不是有针对性地围绕某一类授课对象的需求而编写的。比如开发一门“部门财务预算编制”课程。授课对象很可能会写成“各部门财务预算编制专员”，乍一看好像问题不大，但如果课程内容只是泛泛地讲预算编制的原则和要求，学员听完课程后可能还是不会编制预算。最好的方案是根据不同部门列举预算编制时出现的常见问题及如何解决，加入大量的案例，但显然把这么多的内容放进一个课程就很不合适了。我们可以开发如“职能部门财务预算编制”“销售部门财务预算编制”和“生产部门财务预算编制”等几门课程，然后分别针对不同的授课对象进行培训，这样举例时就能更加有针对性。二是学员收益：吸引学员学习课程的关键要点，在学员收益中要能体现出课程的主要内容结构。主要内容结构一般就是课程的首级大纲目录，让学员在课程一开始就一目了然。还要在学员收益中说明学员在学习课程后能学到什么技能或达到什么学习效果。三是授课时长：预计这个课程讲多长时间。通常内训的课程时长，我个人建议以 1~2 个小时为宜。这样做的好处首先是课程开发的内容不必过多，一次就讲清楚一个问题，开发难度相对比较低；其次是考虑到内训师的专业水平和表达效果，1~2 小时相对容易实施；最后对学员来讲，1~2 小时的课程可以穿插安排在平时的工作时间内进行，如利用下班前或下班后，不用集中占用大量的非工作时间，而且每次 1~2 小时的内容也比较容易吸收和课后加以应用。

确定好授课对象、学员收益和授课时长后，在正式做内容开发之前，还需要先确定一个课程的 PPT 母版。有很多课程开发者都没有用到 PPT 母版功能，导致在后期需要修改 PPT 的格式、字体、大小、颜色或位置时，需要一页一页去修改，既烦琐又低效。而且当需要拷贝粘贴别人的某页 PPT 时，要花大量的时间去修改内容的格式。而一旦设置好 PPT 母版，所有涉及格式、字体、大小、颜色或位置等内容的修改，只要在 PPT 母版中稍作调整，所有 PPT 中应用到母版版式的 PPT 就会相应同步调整，非常简单和方便。关于 PPT 母版的制作大家可以参考网上的公开资料，这里不再做详细的介绍。

有了 PPT 母版后，就可以着手进行内容开发了。我们把内容开发总结为“九字真经”：为什么、做什么、怎么做。我们先从“为什么”说起。

为什么：有很多课程开篇就灌输理念、知识，认为要先讲清楚理念才能往下编写。这样的课程往往无法从一开始就吸引学员的注意力。课程开篇应该讲述为什么要开发这门课，在现实工作中都遇到了哪些问题、哪些挑战，可以配上相应的图片、照片或视频，从一开始就引起学员的注意，激发他们学习的兴趣。

做什么：为了解决上述挑战或问题，应该做哪几件事或哪几个动作。一般每一件事或每一个动作，都会作为课程的一个章节。实际上“做什么”就是确定课程各章节的大纲标题，然后在后续的“怎么做”中分别展开具体的描述。在确定“做什么”时，要遵守独立穷尽的原则。“独立”就是几件事情之间不能是包含或被包含的关系，否则会出现各章节内容层次不清、内容混淆的问题。“穷尽”就是要尽可能地把不同维度的几件事情都罗列出来，做到不漏项。

怎么做：将每件事或每个动作尽可能详细地描述出来。这些内容是每个课程的重点。把一件事描述清楚，往往需要分层级来表达，比如依次按照“一、”“（一）”“1.”“（1）”“1）”的标识方法来逐级递减展示。不同的企业可以有不同的层级表达要求，但一定要在企业内部统一要求。一般“一、”就是课程的首级章节编号，具体每章里面的内容用“（一）、（二）……”开始展开，然后再往下用“1.”“（1）”“1）”层层展开。在“怎么做”中，要尽可能地运用图片、表格等形式来表达，不要每页都是密密麻麻的文字，那样不仅讲课的人讲得很累，听课的人也会听得很累。

在“怎么做”中还要考虑一点，就是做完了谁来验收，谁来检验培训的效果。有很多课程讲述了一大堆内容，但最终领导并不关心员工是否按课程的要求去做了，员工自己也觉得做不做无所谓，这就会大大降低课程的开发质量和将来的培训效果。还是以上面各部门做财务预算编制为例，如果在最后没有强调学员课后要填什么表、学员的领导要审什么表、这个表是否已纳入培训对象的岗位工作标准，那估计这个培训结束后，指望学员主动积极地去做些练习是过于理想化了。

按照上述三步曲来开发课程，思路会很清晰，而且也不会觉得课程开发是一件很难的事情。

7.2 课程认证：如何做好内部认证

课程开发出来以后，为了确保课程开发的质量达到要求，在正式被讲授之前，往往需要经过公司的内训课程认证。每个公司的课程认证标准和流程可能略有不同，但主要内容基本上是一致的。本小节重点讨论如何做好内训课程认证。

7.2.1 内训课程评审要点

一般在课程的管理规定中，都会要求课程开发者在参加正式的课程评审之前，先发给培训管理部门、自己的领导和业务专家进行预审。培训管理部门主要审查格式、结构上的问题。自己的领导和业务专家主要审查内容专业性的问题，大部分的问题都必须在预审阶段加以解决，否则直接上评审会，对于开发者和评审者来讲，都将是一场“灾难”。

培训管理部门主要围绕以下九类问题来进行预审。

看大纲：看有没有课程大纲，如果有，看大纲标题层级是否清晰，大纲内容是否有重复。

看版式：看看是否为公司模板的最新版式；旧有版式是否全部删除，如果带着旧有版式，将来调整 PPT 时会很难调整；抽查几页看版式的应用是否正确，只有正确地运用版式才能确保将来 PPT 的调整整齐、高效。

看前言：看看课程对象是否聚焦，是否写的针对很多人，但事实上内容只针对部分人；或者写的针对部分人，但内容上太过于笼统。另外看课程收益是否包含了课程首级大纲标题，是否说明学员在学习课程后能学到什么技能或达到什么效果。

看目录：看课程总目录及各章节是否都有目录结构，是否与大纲标题一一对应。

看结构：看开篇是从知识点的角度切入，还是从现实的问题或亟待解决的问题切入，应该是先谈“为什么”，再谈“做什么”，最后是“怎么做”。

看预览：检查课程的图文比例是否合适。课程中的字体颜色在放映状态下是否能够看清楚，字体大小是否合适以及有无内容遮挡了公司 logo，等等。

看内容：看每章内容是否从逻辑上有力地支撑了目录，是否将一些相关重要的管理规定和表单与课程内容进行了链接。

看呈现：看课程内容在 PPT 放映状态下，需要与学员互动时是否有动画设置，是否存在把很多动画都设置在一页幻灯片的情况，尤其是有些课程开发者把不同的图片叠加插入到一张幻灯片中，虽然上课放映时一页一页出来是不受影响的，但将来学员打印时就会因为图片与图片之间会发生遮挡现象而出现大问题。所以一定不要在一页幻灯片中叠加覆盖不同的内容。

看试题：看是否设置考试试题，考题内容是否覆盖各章的知识点，考题的格式是否符合模板要求，等等。

开发者要按照上述要求对课程做反复修改，直到培训管理部门、开发者的领导和业务专家对课程内容都无异议了，培训管理部门就可以开始准备做内训课程认证了。

7.2.2 内训课程认证流程

一般内训课程认证的工作包含三个阶段：认证前、认证中和认证后。

1. 认证前：培训管理部门要在课程管理规定中公示内训课程认证流程和认证标准。认证流程包括认证时间、认证步骤、评委构成等。认证时间一般要相对固定，每月可以安排 2 次。如果不这么做，培训管理者就经常会因为被临时要求做课程认证的开发者所困扰。如果安排认证，时间会被无规律地打乱，如果不安排认证，业务或职能部门会说培训部门摆架子。认证步骤会将如何进行课程认证的过程描述清楚，包括课程开发者必须于课程认证日前多少天将课程发给培训管理部门进行预审；认证当天的事项时间安排，以及明确所有评委的评审平均分大于多少分，视为评审通过。评委构成一定要在认证前就讲清楚，一般包含培训管理部门的领导、开发者的直属领导、开发者本人、课程授课对象代表 1~2 人，还有课程涉及知识点的业务专家 1 人。

课程的认证标准一般从课程是否具有大纲、公司母版，并且内容是否完备、结构清晰，同时配有考题等方面来审核。培训管理者需提前预审待认证的课程，对明显不符合认证标准的地方要及时指出，以便开发者提前进行修改。认证组织者在指定认证日的前两天发出认证通知，邀请评委参加，同时提前准备好《课程认证评审表》（参见表 7–1）。

2. 认证中：先请课程开发者在大纲模式下用 10 分钟对整体课程做简要概述。在讲述过程中，评委重点围绕下表中的评审内容准备各自的质询问题。认证组织者在开发者讲述完毕后，依次邀请业务专家、课程授课对象代表、开发者直属领导及培训管理部门领导提出质询问题。

表 7–1　课程认证评审表

课程名称		评委姓名	
序号	评审内容	分值	得分
1	课程目标明确，能够满足培训需求	10	
2	课程大纲框架完整，逻辑性强	10	
3	课程论点清晰，对主题和重点的把握较好	10	
4	课程内容有公司母版，编排合理，循序渐进，层次分明	10	
5	课程配有考题，能够正确地支持课程内容	10	
6	课程中有公司的实际案例，且案例的选取、分析切合实际	10	
7	课程文字精练、准确、流畅，配有恰当的插图	10	
8	课程中概念清晰，表述形式多样	10	
9	课程内容丰富，适用性强	10	
10	课程内容的实用性强，应用了一定的工具和方法论	10	
总分		100	

课程开发者对评委所质询的问题要一一进行回答，并将待改进之处一一记录下来。评委质询完毕后填写《课程认证评审表》，交由认证组织者进行评

分统计。

3. 认证后：如果通过课程认证评审，课程开发者要将评审过程中的评委给出的意见逐一完善，于评审完一周之内将更新后的最终课程发给培训管理部门进行备案。有的公司还要求给课程赋予学分（学员上课后可获得）和开发积分（课程开发者获得），开发者都要在提交最终课程时一并报给培训管理部门。评审未通过的，在进一步完善之后，可安排在下次课程认证评审中一起进行。

7.3　持续更新：完善课程包的内容

一个好的课程，它的内容是需要经常更新的。一个课程并非只是一个PPT，而是由一个课程包组成的。在这一小节我们将探讨课程包的构成及如何做课程优化，以及如何从机制上保证培训内容不断更新。

7.3.1　课程包有哪些内容

课程包一般由讲师用书、学员用书、相关文件（如案例、测试表、试题、视频、评估表）构成，为了存储方便，我们一般给一个课程建立一个文件夹，文件夹的命名就以课程名为准。

1. 讲师用书：就是我们常说的讲师PPT。做讲师PPT是为了让不同的讲师对同一个课程的理解和讲授方法基本一致。课程开发者需要在讲师用书PPT的备注页中加入相关的讲解说明，包括但不限于该页PPT讲述时间、讲述要点及补充学习资料。同时，还要对部分需要与学员互动问答的PPT内容做动画设置。

2. 学员用书：有人说学员用书不就是讲师用书吗？无非就是不加备注页而已。其实不然，首先，学员用书的内容一定少于讲师用书的内容。一方面，由于讲师用书中可以临时增加一些需要辅助说明的 PPT，这些 PPT 具有临时性和易变性，无须将它们放在学员用书中；另一方面，对于一些要点内容，讲师可以故意在学员用书中删除，这样可以督促学员在学习过程中认真思考，并加强和讲师的互动。讲师如果把所有的讲授内容都印在学员用书上，学员就会产生一种惰性，有“反正教材上都有，我听不听都可以”的心理。同时讲师也很难向学员提问互动，因为答案都已经印在教材上了。但讲师也不能走入另一个极端，就是学员用书上空白的地方很多，这样会导致学员在听课时，不断地记笔记，照抄讲师 PPT 上的要点内容，无暇去认真听课，更别说和讲师进行互动交流了，所以学员用书上空白处的量要适当，不能过多，做到少而分散即可。其次，学员用书的制作一定是先全部完成讲师用书 PPT 后，将讲师 PPT 文件另存为学员 PPT 文件，然后再在学员 PPT 上适当地删除少量关键内容即可。在实操过程中，对于那些课程时长不超过 2 小时的课程，我们一般就不打印学员用书了，在课后直接发给学员讲师用书 PPT 文件即可。

3. 相关文件：包含案例（可选）、测试题（可选）、试题、视频（可选）、评估表等文件。

案例：有些课程中需要单独加入素材资料，便于学员在一个场景中了解更多的信息。

测试题：有些课程对学员的社交风格、领导风格等方面进行现场小测试。这些测试题目需要单独存放。

试题：课后的考试是检验学员学习效果的必要手段。现在越来越多的方式都是把考试题目提前放在内部学习平台上，而且可以生成不同的试卷内容及考试二维码，考试时学员一扫就可以答卷。但试题作为课程包的一部分，要以文件的形式单独存放。

视频：为了让学员更形象地掌握学习内容，现在越来越多的讲师在授课中会播放一些视频。如果把这些视频都插入到 PPT 中，PPT 文件会变得很大，而且播放得很慢。我们可以把视频文件单独存放，在 PPT 中建立一个链接，或者将视频文件放在学习平台上（云端），从 PPT 直接超链接一个网络地址即可。

评估表：根据课后的评估表可以看出学员对课程质量、讲师授课水平及培训整体体验的意见或建议。

以上这些文档都需要与讲师用书、学员用书一起放在一个文件夹中，便于随时查阅。

7.3.2　课程优化系统思考

并非通过课程评审认证后，课程的内容就一成不变了。相反，通过课程评审认证只是成为一个好课程的开始，之后还要经过很多次的修改，包括不断添加案例、表单、图片、备注，甚至包括调整结构等。是什么因素导致培训内容的不断更新或改变呢？至少包含以下四个方面的因素。一是部门改变：很多内训课程会涉及不同的业务或职能部门，由于公司组织架构是在不断优化调整的，当部门名称、职责、岗位工作标准发生改变，甚至是部门间进行合并、分拆时，相应的课程内容就需要做出调整。二是流程改变：各部门间的业务流程或制度发生改变。三是技术改变：一些新的技术或新的国家法律法规规定带来的强制性改变，如个人所得税计算方法、公司运用新的信息系统等。四是学员改变：对于同一门课程，在上课的过程中，随着学员年龄、知识结构的变化，对课程的内容和呈现方式也需要进行相应的调整。

一定要有效组织课程的优化工作。培训管理部门对每个课程的版本控制要有一个规定，否则每个课程都任由讲师自由更改，用不了多久，就会发现不同讲师讲同一个课程的内容差距越来越大。所以，首先要有一套课程优化的管理方法，其次再对讲师授课提出规定要求。

做好课程优化可以从以下三个方面的工作入手：定规则、下指标、给激励。

1. 定规则：所有课程优化说明必须放在 PPT 的首页备注页中。优化说明必须包括谁（可能是课程开发者，也可能是讲师）在何时优化了哪一章哪一节的什么内容，什么样的内容修改算优化，什么样的内容修改不算优化，比如改字体、调整格式等小修小补都不算是优化。当有新的优化说明时，以往的优化说明要继续保留，并将新的优化说明在备注页中置顶。有很多课程开发者认为课程优化就是我想改什么就改什么。我们前面提到过，课程要以学员为中心，所以对于课程内容的优化，在讲师给学员上完课以后做出的才是最有效的。即便自己平时做了些优化，也要授课之后在听取学员反馈的基础上再定稿。

2. 下指标：在工作中，我们常说员工只会做要求他做的，不一定会做希望他做的。如果我们只是定出了课程优化的规则，但没有对课程优化的次数加以要求，课程开发者可能会出于惰性，不会主动积极地去优化课程内容。所以，一定要有机制上的保障，可以根据每个部门的课程开发数量规定每年每个部门必须优化多少门课程，并计入部门考核指标。开发者或讲师将优化后的课程提交给培训管理部门，培训管理部门按照优化规则审核是否满足优化条件，并对照之前的课程 PPT 审核优化处内容，如果符合优化条件，则保留最新版本，并记录课程所属部门完成一门课的优化任务。

3. 给激励：符合优化规则且优化次数多的课程开发者或讲师，说明他们上课次数较多，同时也在不断地对内容进行优化，对这样的开发者或讲师应该给予奖励。我们通常在每年的教师节或年底公司综合评奖大会上集中表彰课程优化次数较多的开发者或讲师。

老 HRD 的智慧

课程是培训管理工作的灵魂之一。课程开发者根据业务遇到的问题或员工亟待提升的能力，明确授课对象后，将公司现有的、有价值的经验总结出来，通过规范的开发方式让课程的结构非常清晰，无论对学员还是其他讲师来讲，都非常容易抓住课程的要点。课程包把与课程相关的所有重要文档都收录在一个文件夹内，经过严格的内训课程评审之后，一门好课程就具备了待优化的基础。开发者或讲师在评审通过后还要通过授课不断地发现问题并优化内容。

第八章

培训讲师

——决定了培训质量

本章导读

上一章我们讲到如何在企业内部进行课程开发。本章我们将着重讨论如何培养内训师。有时我们把讲师比喻成培训工作的“最后一公里”，也就是说，即便我们有再好的课前准备、再好的课程内容、再好的培训环境、再好的学员配合，如果讲师的状态不佳，不能通过有效的呈现方式把课程的精髓传递给学员，培训效果依然会大打折扣，最终还是会前功尽弃。本章将从讲师的引导、讲师认证和讲师的持续改进三方面进行讨论。

要想成为一名合格的内训师，首先要通过公司内部的内训师认证。通过认证只是内训师授课的开始。内训师要做好角色转变，要以学员为中心，在授课前、授课中和授课后处理好每一个细节工作。授课前，通过各种方式摸清学员的需求，对课程内容和授课形式做定制化的调整；授课中，多与学员互动、多引导，注意避免授课过程中的常见问题；授课后，要通过学员的反馈不断完善教材，不断总结经验。作为公司的培训管理者，要对合格的候选内训师定期做内部认证，并做好分级管理，及时给予帮助和物质、精神方面的激励。

8.1　引导为主：少些说教，多些启发

在企业内部找内训师，很多人认为要求不必那么严格，只要找有经验的人就行。从实际运作经验来看，有经验的内训师可能有三种不同的状态：能干不能讲、讲的非所干和能干也能讲。第一种情况比较常见，很多实操经验非常丰富的员工，平时交流、开会都没问题，但一以内训师的身份讲课，就像变了个人似的，紧张而且不自信。第二种情况主要出现在那些有经验且表达好的内训师身上，他们觉得自己好不容易站在讲台上，就应该充分展现自己的实力，从而过分炫耀自己的经验，甚至讲很多和课程无关的内容。第三种情况是最理想的，能干也能讲的内训师是最好的人选，但即便是这样，要想成为一名优秀的内训师，也要经过以下几个方面的训练才行。

8.1.1　积极转变自我角色

从员工变为内训师，首先需要做的就是角色转变。作为内训师，不是看自己的经验有多丰富，也不是看自己的职位有多高，关键是看自己能给学员带来多大的价值。在授课过程中，内训师一定要知道“授课三模式”：以讲师为中心、以课程为中心和以学员为中心。一是以讲师为中心。授课完全由讲师主导，无论下面坐的是什么样的学员，都是讲师想讲什么就讲什么，即便同一个主题讲两次，可能内容差异都非常大，而且和学员是否有变化根本无关。二是以课程为中心。指的是一切都必须按照课程大纲来讲，也不管学员爱听不爱听，有点像有些学校里的应试教育。三是以学员为中心。这个对讲师的要求是最高的，讲师要能够根据不同学员的情况来预先或当堂调整自己的授课内容和授课形式，以便学员能有足够的兴趣来学习。在企业做内训，

我们要求内训师必须要以学员为中心，不能只图自己说得痛快或把知识点交代完就算完事。要想做到这一点，至少需要内训师在课前、课中和课后三方面做相应的调整。

1. 课前。虽然是内部培训，但是在上课前还是有必要了解一下参训学员的需求。现在有很多 APP 都可以做问卷调查，内训师只要设计好内容，生成一个链接，提前通过培训组织者发给学员即可。了解学员的需求是为了调整教材内容，提前对重点内容的讲解进行设计，提前准备好问学员的问题，把需要学员现场回答问题的内容做成动画放映模式。一个成功的培训 70% 都是内训师在课前完成的。如果内训师连学员的需求都不了解，即便经验再丰富，也很难取得很好的授课效果。除此之外，在教材的编写上，不仅要在教材的一开始就告诉学员学完此课的收益，而且要在教材的结尾把所有的知识点都提炼出来，让学员再回顾复习一遍。

2. 课中。很多内训师非常认真地从头讲到尾，结果是自己既紧张又劳累。紧张是因为担心哪个地方没有讲到或是忘记讲了，或者是担心时间把握不好，在规定的时间内讲不完或提前结束。这个时候，内训师一定要掌握一个心法：在你开口之前，学员根本就不知道你要讲什么。所以，内训师根本就不用担心忘词儿或老惦记着自己备课时的“台词”，只要把精力放在当下的课堂、与学员的交流和互动上就行。劳累是因为有的内训师几乎是一言堂，整节课又动脑、又动嘴，这样的体力消耗没几个人能承受，而且上课的效果还不好。其中的道理是因为培训不在于内训师讲多少，而在于学员吸收多少，内训师讲得再多，如果无法激起学员的兴趣，学员身在心不在，也是枉然。而且现在内训师很难从培训反馈表上发现问题，因为有的学员出于同事关系，即便内训师讲得不好，也不一定会给他打低分。真正好的内训师在上课时非常注重和学员的互动，用一个又一个的问题来引起学员的注意和引发他们的思考。有的内训师还会对积极回答问题的学员给予积分牌的奖励，让学员始终处于思考、探索、回应的兴奋状态。

3. 课后。只要在课堂上与学员有充分的互动，内训师就一定可以从学员的身上或互动的过程中有所感悟和收获，这时要及时把这些感悟和收获落实到教材内容的优化上，或是教学方式的改进上。

上面分别从课前、课中和课后三个时间点中内训师要做的事情来说明要想成为一个好内训师，就必须转换角色和思维方式，并不断地进行练习。只有这样，才能完成从员工到内训师的转变。

8.1.2　经验做到收放自如

内训师经过一段时间的授课实践后，只要上课前认真备课，课堂上与学员积极互动，一般都可以顺利完成从员工到内训师的转变。但此时的内训师常常在授课时会表现出经验主义的特征，因为讲得多了，也讲得顺了，内心的表现欲望就会慢慢呈现出来，虽然在课堂上也会主动问学员一些问题，但给人的感觉是为了问问题而问，有的问题学员还没回答出来，内训师就忍不住把自己的经验直接说出来了，问问题成了走形式。在这个阶段，内训师要学会善用自己的经验，根据不同学员的课堂反应和课程知识点的深浅来采用不同的讲授方式。通常的讲授方式包括：讲故事、擅引导、给概念、摆流程和明道理。

1. 讲故事。适用于对课程内容比较陌生的学员。内训师通过讲类似的故事给学员一定的启发。内训师在讲完故事后可以请学员谈谈自己的感受。故事能够让学员对所讲述的内容快速产生兴趣，所以故事可以放在培训一开始或穿插在培训过程中。

2. 擅引导。引导的目的是让学员最终说出答案，而不是内训师给出答案。学员经过自己的反复思考得出的结论，往往比从内训师那里直接得到的答案，印象要深刻得多。而且有时内训师凭自己的经验给出的答案未必优于学员的。所以内训师一定要有耐心，一定不要急于给答案。有时学员回答问题时不一定能马上说出正确的答案，此时，内训师要结合学员的问题回答，继续用开放式问题（如那你是如何看待这件事的？）或传递式问题（就是把这个问题转移给其他学员回答，如我想知道其他学员是如何看待这件事的。）进行发问，直到引导学员得出满意的答案为止。经过引导让学员自己得出结论，一方面学员会非常有成就感，另一方面内训师在此过程中也能从学员的问题回答中有所收获。当然，这种方式需要大量的时间，内训师要把控好培训的节奏。

3. 给概念。当需要让学员清晰地记住一个概念或是一个知识点时，一定要给出明确的信息，此时就不建议让学员进行发散性的讨论，以免影响学员对具体概念的理解。有时我们为加强学员的记忆，还可以请某个学员把需要大家掌握的信息内容大声朗读出来，这样也会收到很好的效果。

4. 摆流程。在涉及做事的规范或部门间沟通协调等问题时，内训师不要把自己的经验放在第一位，如果公司有相应的流程、制度文件，应该先把它们拿出来，作为课堂问题讨论的依据，让学员养成遇到问题，先查岗位工作标准与流程文件的习惯，让学员通过分析相应的流程制度文件知道如何去做。这对企业的规范化运作非常重要。

5. 明道理。有些学员并不满足于某个问题的分析过程和最终的解决方案，他们更希望了解问题背后的道理是什么，希望了解更深层次的原因。在课堂上万一遇到这样的学员，为了不耽误其他学员的时间，内训师可以建议与提出问题的学员在课后进行深入的一对一交流。如果提出此问题的人数较多，那么内训师就需要结合自己的工作经验和课前准备的内容，尽可能把道理说清楚，引发学员的深度思考，并保持足够谦逊的状态，因为不同人对道理的理解程度各有不同。

内训师的经验什么时候该直接给出，什么时候该通过引导让学员思考，因参训学员和授课内容的不同而有所不同。

8.2 讲师认证：如何做好内训师认证工作

要想确保培训效果，光有好的课程是不够的，讲师能否把课程的要点很好地呈现出来，对学员深入理解课程知识点起着至关重要的作用。在正式授课之前，讲师往往需要经过公司内训师的认证。每个公司的内训师认证标准和流程可能略有不同，但主体都是一致的。本小节重点讨论如何做好内训师认证工作。

8.2.1 内训师的认证流程

内训师的认证工作一般包含三个阶段：认证前、认证中和认证后。

认证前：包括资格申请和资格审核两个步骤。资格申请：员工要想成为内训师，须自己先提出申请。一般培训管理部门会提前在内训师管理规定中明确内训师的资格要求。比如，凡在管理、业务、专业知识和技能技巧等方面具有较为丰富的经验或特长，认同公司企业文化，无违反公司纪律行为，过去有过内部授课经验或有意愿成为内训师的员工，均可申请成为公司内训师。员工提出内训师资格申请时，必须说明要讲授哪一门课程，而且一般要求讲授培训管理部门已认证的课程，课程可以是自己开发的，也可以是别人开发的。为了确保认证的效果，可以要求员工在参加认证前，必须讲解该认证课程至少两次以上（含两次），并且提供给培训管理部门相关的授课记录（含培训时间、参加人员名单和培训照片等）。资格审核：员工提出认证申请后，培训管理部门对员工提交的材料审核通过后，安排专人跟进，对其进行前期辅导，将评审要点告诉申请人，并与他约定认证时间。

认证中：内训师认证由培训管理部门组织进行。为了对候选内训师进行相对公平的评价，评委一般由培训管理部门领导、人力资源部或候选人所在部门领导和一名已认证的内训师三人参加。采用抽签方式决定候选人的试讲章节，试讲时间一般为 15~30 分钟。试讲期间评委随时可以向候选人提问。试讲评审结束后，评委向候选人提出意见和建议，并针对候选人的表现在《内训师评估表》（见下表）上打分。满分为 50 分，所有评委的平均分都超过 40 分视为认证通过。对于在参加内训师认证之前，就已经多次进行内部分享，并取得良好反馈的候选内训师，可以无须再进行认证，但一定要经过培训管理部门领导审核后，方可直接成为公司内训师。

表 8–1　内训师评估表

一、试讲内训师姓名及部门：					
二、试讲课程：					
三、试讲日期：　年　月　日					
四、试讲地点：					
五、评分标准：（5 分最好，1 分最差）					
1. 试讲人开场方式是否吸引人	5	4	3	2	1
2. 试讲人的课前准备是否充分	5	4	3	2	1
3. 试讲人讲述是否清晰有条理	5	4	3	2	1
4. 试讲人的表达是否流畅自如	5	4	3	2	1
5. 试讲人是否有较高专业水平	5	4	3	2	1
6. 试讲人的肢体语言是否得当	5	4	3	2	1
7. 试讲人是否能有效回答问题	5	4	3	2	1
8. 试讲人是否能活跃课堂气氛	5	4	3	2	1
9. 试讲人是否使用了辅助教具	5	4	3	2	1
10. 对试讲人的总体满意度	5	4	3	2	1
总评分数：					
六、评语：					
1.					
2.					
评委签名：					

认证后：无论候选人是否通过认证，都应按照评委给出的改进建议，在后面的授课中不断调整和优化。如果认证通过，培训管理部门须公示认证内训师名单。如果没有通过认证，候选人可在改进和调整后，参加下一次的内训师认证。

8.2.2　讲师试讲评审要点

在候选内训师试讲的过程中，评委既是评审人，同时也充当着学员的角色。下面是候选内训师经常会出现的一些问题，这些问题也是评委评审时的要点。

1. PPT 没有提前设置动画。如果候选内训师不对 PPT 的关键内容做动画设置，就很难向学员提问题做互动交流。每页 PPT 内容直接呈现出来，内训师就只能干讲，内训师讲得累，学员听得也累。如果将关键内容提前做动画设置，不仅内训师可以对 PPT 的关键内容做提问，让学员始终跟着内训师的思路，而且还可以讲出节奏感。

2. 不与学员互动。有的候选内训师在试讲的过程中，完全沉浸在自己的授课体验中，也不与学员互动，这是绝对不允许的。我们前面说过，内训师授课不能以内训师为中心，要以学员为中心。如果不与学员互动交流，不围绕关键知识点问一些问题，内训师怎么能够知道学员是否在听课，是否真正听懂了。有的候选内训师虽然对 PPT 做了动画设置，也问了学员问题，但好像只是为了问问题而问，学员还没完全回答出来，内训师就把答案给出来了，这些都不是内训师与学员的真正互动。

3. 肢体语言不到位。有些候选内训师一上讲台，一看到下面坐的评委，就会暴露出很多肢体语言方面的问题，最典型的就是眼、手和身体。首先是眼睛的问题。眼睛要么老盯着屏幕，要么往上看或往下看，要么往远处看，总之就是不看学员。我们要求内训师在授课时要与学员有眼神交流，在每个学员的脸部都可以停留 1~2 秒，而且尽可能地照顾到每一位学员。其次是手的问题。一只手插兜、双手后背或双手护腹，什么姿势都有，好像浑身都觉得别扭，手不知道该往哪里放，其实很简单，我们建议候选内训师一手拿白板笔，一手拿麦克风，这样就可以解决手的问题了。最后是身体的问题。有些候选内训师因为紧张，身体不停在移动或晃动，让学员看上去感觉很累。建议候选内训师在讲课前多做几个深度的腹式呼吸（就是吸气的时候肚子鼓起来，呼气的时候肚子瘪进去），然后选择一个不遮挡学员视线的位置站好，把腰挺直，面带笑容，刻意环视一下学员，这样能大大起到缓解上台压力的作用。

4. 授课方式过于单一。有的候选内训师与学员进行互动讨论时，没有利用好一些辅助的教学资源，如白板，尤其是学员针对内训师的问题，提出很多不同的观点，但内训师又很难一一记住时，就要将学员的观点写在白板上，既可以清晰地记录下来，又有利于后续看着观点进行讨论。建议候选内训师可以增加视频播放、课堂小测验等多种授课方式，让学员的学习体验多样化。

5. 对学员的问题缺少确认环节。在候选内训师试讲时，有时评委会故意问一些问题，看候选内训师如何回应，通常都是内训师回答完问题就接着往下讲课了。我们要求候选内训师务必掌握“回答问题三步曲”：首先在学员提出问题后，应该马上给学员一个小鼓励，比如说“这是一个好问题”或“你这个问题提得非常好”。然后再开始第二步——解答问题。解答完问题后，还有第三步——回问一下学员，是否已经解决了他的问题。别小看这最后一步，这会让学员感觉受到了尊重，从而会更积极地投入课程学习。

以上这些评审要点需要候选内训师提前做好准备，以便顺利地通过内训师认证。

8.3 持续改进：能力提升，价值递增

企业的内训师，大多数都是非专职的，如何帮助他们迅速提升授课水平，如何让他们持续保持激情和动力，是打造讲师团队整体水平的关键，也是培训工作能否顺利进行的关键。

8.3.1 讲师授课常见的挑战

获得内训师认证其实只是个起点，对于讲台经验并不丰富的新内训师来说，提前了解在授课中会遇到哪些挑战非常重要。

挑战一：时间把控不好。很多内训师对授课时间长短把握不准，主要原因是对课程内容不熟悉。在上课期间，内训师对何时与学员互动，讨论什么样的问题，花多长时间，没有一个统一的规划。面对这种问题，需要内训师在课前将各章的重点画出来，规划好时间分布，把小组讨论、互动提问、做练习这几个大的模块时间都计算在内，在上课前只需要记住大模块的时间起止节点，上课时加以控制就可以了。

挑战二：自己不够自信。有些内训师一看到有的学员层级比自己高或者工作经验比自己丰富，就感觉有压力，这时就需要内训师调整心态。内训师不要认为自己讲课就一定代表自己是这方面的专家。其实内训师就是一个渠道，作用就是把课程的结构化内容系统地展现给学员，希望能够解决大多数学员的问题。内训师只不过相比大部分学员，对课程的内容更熟悉、更了解罢了。在对课程内容精益求精的理解方面，内训师和学员一样，都是“在路上”，所以个别学员在某方面的能力超出内训师，这很正常，内训师如果在课堂上能够利用好这些学员资源，发挥他们的优势，帮助其他学员一起学习探讨，将

会对授课效果大有裨益。

挑战三：学员反应冷淡。有一些内训师在上课时，只顾着把自己准备的内容讲完，没有关注学员的反应，这样的授课是不负责任的。学员反应冷淡，一定有原因，很可能是课程过于死板。其实内训师在课堂上可以设置一些提问或互动游戏、小测验等，并对回答问题或参与活动的学员给予一定的奖励。有的内训师在正式授课之前，会先和学员进行一些开放式的沟通，让学员先倒倒自己的苦水或发现自己的问题所在，然后再开始讲课，这样会大大提高学员的学习兴趣。

挑战四：学员争论不休。有时在课堂上两个学员会因为对一个问题的看法不同而争执起来，这时内训师千万不能“站队”或支持任何一方。因为内训师对学员所谈的问题背景并不一定十分了解，如果轻易做出对与错的判断，会严重打击学员的积极性，同时降低学员对内训师的信任程度。稳妥的做法是首先肯定两名学员对问题有不同视角的看法，然后分别站在两个学员的角度说明各自的观点和异同，关于这个问题的讨论可以在课后继续进行，然后接着上课。

挑战五：“小班”授课。有的内训师在学员接二连三的问题中越“陷”越深。这时，内训师自己应该想一下这个问题是不是具有共性，如果具有共性，那就可以引入更多的学员参与这个问题的讨论。如果不具有共性，一定要及时地从问题回答中跳出来，告知学员课后可以围绕这个问题继续深入讨论，就不在课堂上占用大家的时间了。

挑战六：被刁钻问题所困。有的内训师喜欢尝试回答学员所有的问题，好像如果回答不上来就会丢自己的面子。但事实上内训师不可能具备回答学员所有问题的能力，如果是为了面子而强行回答，很有可能弄巧成拙。这个时候，内训师应该首先肯定该学员的问题是个很好的问题，然后把这个问题抛给其他学员，看其他学员是否有更好的回答。有时其他学员的回答会比内训师自己想的答案还要有效，这样既回答了刁钻问题，同时也活跃了课堂气氛。

面对上述挑战，要靠内训师平时不断地授课加以练习，讲的课程多了，应对上述挑战自然胸有成竹。

8.3.2 物质激励、精神激励双轮驱动

要想讲好一门课，从备课、授课到课后不断更新教材，内训师确实需要付出很多精力。对内训师的激励既要有精神方面的也要有物质方面的。我们一般会把内训师分成不同等级进行管理。根据内训师的能力和贡献，我们把内训师分为授权讲师、专业讲师、高级讲师和特聘讲师，参见表 8–2。

表 8–2 内训师级别管理

项　　目	授权讲师	专业讲师	高级讲师	特聘讲师
资质要求	达到认证要求	达到认证要求	达到认证要求	公司高管或退休专家，对某一方面主题有深度研究
每年授课课时要求	不少于 30 个小时	不少于 50 个小时	不少于 80 个小时	无要求
每年授课反馈分要求	平均分不低于 40 分	平均分不低于 42 分	平均分不低于 45 分	无要求
每年开发课程要求	不少于 1 门	不少于 2 门	不少于 3 门	无要求

从上表我们可以看出，对于不同层级的讲师，每年在授课时数、授课反馈平均分和课程开发数量上都会有不同的要求。对应的课酬一般为每小时 50 元到 200 元，有的公司甚至给得更高，这个因不同公司各自的规定而定。

帮助内训师们快速成长是对他们最大的激励。在平时授课一结束，培训管理者就把电子版的授课反馈表发给内训师（也有很多学习平台支持内训师自查授课反馈表），便于他们及时掌握学员的反馈，并不断调整自己的授课方式和课程内容。从某种意义上讲，是一次又一次的授课反馈成就了内训师对课程内容的不断深入理解，这对内训师来讲是笔巨大的“财富”。培训管理者

还可以定期组织内训师之间的互动交流和经验分享，让讲同一门课程的不同内训师分别谈谈自己对这门课程的理解，自己认为这门课程应该怎么讲会更有效；还可以让每个内训师谈谈在授课过程中，从学员那里得到哪些启示，以及自己对课程都做了哪些优化和调整。内训师们还可以就授课技巧谈谈各自的心得，大家相互之间可以取长补短、共同进步。除此之外，培训管理者还可以定期搞内训师之间的评比，每个季度把不同内训师的授课时数、授课平均分以及所讲课程进行公示。有时对于内训师来讲，课酬其实并不重要，他们更在意自己的面子，有时内训师们会非常在意反馈分数的高低，也正是因为这一点，才可以不断激励内训师们做得更好。培训管理者还会在每年的教师节将优秀内训师、优秀课程进行评比，在全公司进行表彰，这对内训师来讲，无疑是一个物质、精神双丰收的难得机会。

随着企业规模和影响力的不断扩大，有些企业的内训课程会逐渐向其上游和下游客户输出。我曾经工作过的惠普商学院就是一个典型的例子。惠普商学院将惠普成功的管理经验向惠普的经销商和企业客户输出。这时就需要大量的、有经验的内训师来支撑这些课程的实施，这就为内训师的未来发展提供了另一个广阔的空间。一旦课程走向市场，竞争会更激烈，此时他们不再是内训师的角色，而是和市场上的专业讲师进行竞争的讲师，市场对他们的授课风格、授课内容和授课形式的要求也会更严格。一旦他们适应了这个变化，他们就抓住了实现能力提升、价值递增的好机会，当然课酬费也会相应地得到大幅度的提升。

老 HRD 的智慧

要想成为一名合格的内训师，首先要通过公司内部的内训师认证。通过认证只是内训师授课的开始。内训师要做好角色转变，要以学员为中心，在授课前、授课中和授课后处理好每一个细节的工作。授课前，通过各种方式摸清学员的需求，对课程内容和授课形式做定制化的调整；授课中，多与学员互动、多引导，注意避免授课过程中的常见问题；授课后，要通过学员的反馈不断完善教材，不断总结经验。作为公司的培训管理者，要对合格的候选内训师定期做内部认证，并做好分级管理，及时给予帮助和物质、精神方面的激励。

第九章

培训评估

——对各方面预期效果做验收

本章导读

作为检验培训效果的重要环节—培训评估是否有效直接影响着各方领导对培训工作成果的看法。从公司培训的出发点来看，就是希望员工在培训之后，能够在行为和绩效上有所改变。但其实在员工行为改变之前还有两个层面是可以被评估的，在这一章节我们会谈到。这种分层评估的方式不仅有助于各级领导及时了解培训的效果，而且有助于培训管理者对培训项目的自我反思。

培训管理者必须先从预期结果出发，再与业务部门一起分析学员要取得这样的结果必须在哪些关键行为上有什么样的转变。然后针对这些转变重点设计课程内容。在课程结束后，要以学员为中心，通过一级评估的各种方法对培训课程和讲师提出改进建议；通过二级评估了解学员对知识、技能的掌握程度，针对他们对知识是否能有效应用在工作中的态度、信心和承诺做出评估；在三级评估中，业务负责人要承担主要责任，帮助学员提升责任感，并对学员在工作中遇到的问题提供必要的支持和帮助，以使学员在最终的四级评估中取得好成绩。培训管理者不仅要让参训学员学到他们需要学习的内容，还要让他们和他们的管理者对培训项目的实施喜闻乐见。

9.1　以终为始：你的评估做对了吗

提到培训评估，做培训的没有几个说不会的，但你真的能确保自己理解的评估方法和评估内容是正确的吗？本小节通过两个示例来促使大家进行更深入的思考。

9.1.1　关于课程、评估、结果，先做哪个

我们在做培训评估时，是先对已有课程的授课效果做评估，然后再根据学员后期在工作中的运用情况评估课程实施结果？还是先从预想的实施结果入手，看学员需要什么样的行为转变，再分析应该上什么内容的课程，再来决定从哪些维度评估学员对课程内容的掌握程度，并在课后继续评估学员的行为转变和预想的实施结果是否达到？我们先来看一个示例。

表 9–1　不同的评估顺序

<table>
<tr><td colspan="4">培训目标：掌握快速提升销售业绩的方法
课程名称：提升销售业绩必备
授课对象：销售经理</td></tr>
<tr><th colspan="2">第一种方式的评估顺序</th><th colspan="2">第二种方式的评估顺序</th></tr>
<tr><td>学习</td><td>经理们是否掌握了下述相关知识和技能？
* 销售不利的原因分析
* 提升销售业绩的方法
* 如何找到更多的客户</td><td>结果</td><td>如何衡量“提高销售业绩”？</td></tr>
<tr><td>反应</td><td>课程整体内容和讲师呈现是否需要改进？</td><td>行为</td><td>以下这些行为是否有助于达成结果？
* 经理们与销售代表一起制订销售计划
* 经理们与销售代表一起拜访客户，每月至少一次
* 经理们对销售代表进行辅导，每周至少一次</td></tr>
</table>

续表

第一种方式的评估顺序		第二种方式的评估顺序	
行为	* 讲师所讲的原因分析和应对措施，遇到具体情况该如何去应用？ * 面对众多提升业绩的方法，销售经理遇到具体情况时到底应该用哪个方法？ * 销售经理发现潜在客户一定要去拜访吗？	学习	以下这些知识点是否有助于行为的实现？ * 经理们学习如何制订销售计划 * 经理们学习成功拜访客户的关键点 * 经理们学习如何给销售代表做辅导
结果	是真正提高销售业绩，还是没什么大的变化？	反应	课程整体内容和讲师呈现是否有助于学员对知识点的掌握？

上述示例是给销售经理上的一门课，讲如何帮助销售经理和他的团队提升销售业绩。对于这门课的效果评估方式有两种。第一种方式是先对学习的知识点进行评估，看经理们是否掌握相关知识和技能。再对整体的课后反应进行评估，看课程整体内容和讲师呈现是否需要改进。在课后工作一段时间后，对销售经理们进行一次回访，评估他们在实际工作中遇到一些具体情况时是否能够灵活运用课程中所讲的知识点，最后再评估销售业绩是否有所提升。

第二种方式的评估策略是以终为始。先评估一下如何衡量“提高销售业绩”，再评估销售经理具备哪些行为能够有助于提高销售业绩，如与销售代表一起制订销售计划、每月和销售代表至少拜访一次客户，以及每周至少对销售代表辅导一次等行为。然后再评估哪些知识点有助于上述行为的达成，比如，要教销售经理学习如何制订销售计划，如何成功拜访客户和如何给销售代表做辅导等内容。之后再对学员学习上述知识点的效果进行评估，看课程整体内容和讲师呈现是否有助于学员对知识点的掌握。等学员课后工作一段时间后，再去评估学员的行为转变和业绩提升就会更加有针对性。

以上两种方式，哪种实施效果会更好？很显然，是第二种方式。但在实际工作中，我们很多培训评估工作都是以第一种方式开展，所以效果往往不太理想。有些人会说我们培训之前做了培训需求调研，应该是属于第二种方式，但效果也不是很好，这是为什么？问题就出在培训需求调研上，我们的培训需求调研往往是浮于表面，而且很多调研是基于课程内容调研的，完全是先入为主，所以和第二种方式中先以学员要达成业绩的结果出发大相径庭。其实培训的开展也需要以终为始的理念，即先看要达到什么目的，再看为达到此目的，需要学员具备什么样的行为，再根据这些要求去设计课程知识点，然后对学员掌握课程知识点的程度做出评估，最后在工作实践中评估对学员的行为和绩效改变的影响程度，并根据评估内容不断改进课程。

9.1.2　以谁为中心进行评估

一看到这个标题，大家可能会有不同的答案，如以课程为中心、以讲师为中心和以学员为中心等。大家平时可能从网站上下载一个培训评估表，改改格式，拿来就用，也没有思考“小”培训评估表里面到底有什么“大”学问。下面笔者就给大家展示两个评估表的内容，我们来看看其中的区别。

表 9–2　相同的评估方面，不同的评估描述

评估方面	A	B
课程内容	课程内容丰富、易学	我能将课程所学内容应用到实际工作中去
课程时间	课程时间的安排长短适中	课程时间的安排有利于我对知识点的掌握
授课形式	授课形式多样，课堂氛围好	授课形式能有效帮助我更好地理解并去解决实际问题
教学设备	教学设备运作正常	不同教学设备的运用有助于我对所学知识点的掌握
授课环境	授课环境舒适	授课环境有利于我对所学知识点的掌握

上表分别对不同的评估方面进行了评估，其中有 A、B 两栏不同的评估描述。A 栏中的内容是比较常见的，基本上是围绕待评估的方面来进行的。比如，围绕课程内容方面的评估是内容是否丰富、易学，然后请学员进行 1~10 分的评分。那么 B 栏的内容有什么明显特性吗？很显然，B 栏的内容中都有一个“我”字，而这个“我”字代表的是学员。B 栏中的内容更倾向于评估方面对

学员产生的影响。比如，围绕课程时间方面的评估是“课程时间的安排是否有利于我对知识点的掌握”，而不是“课程时间的安排长短适中”。如果我们仔细地想一下，我们为什么要对课程时间做评估，是为了了解授课时间应该多一点还是少一点，还是为了了解课程时间对学员掌握知识点的影响程度。显然应该是后者。因为培训的所有出发点都应该以学员为中心，所以无论是授课形式、教学设备还是授课环境等，都不是针对它们做评估，而是针对它们对学员掌握知识点的影响程度做评估。

我们以学员为中心的培训评估会评估哪些方面呢？我们先来看看通常会评估哪些方面，参见图 9–1。

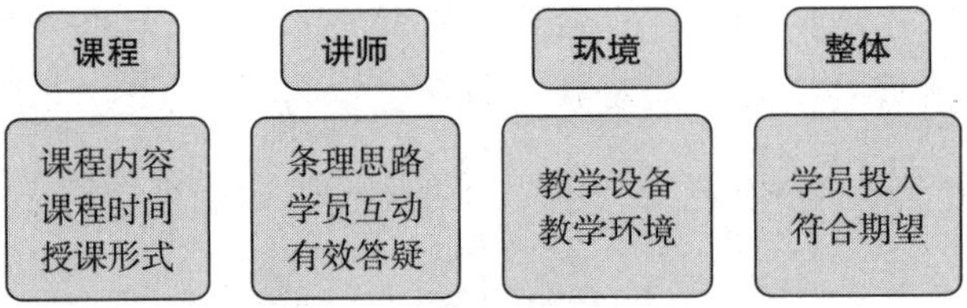

图 9–1　评估的不同方面

通常会从课程、讲师、环境和整体四个方面进行评估。这四个方面基本上可以涵盖学员参加培训的各个维度，按照以学员为中心的评估思路，评估内容顺序为：

- 我能将课程所学内容应用到实际工作中去（课程内容）
- 课程时间的安排有利于我对知识点的掌握（课程时间）
- 授课形式能有效帮助我更好地理解并去解决实际问题（授课形式）
- 讲师授课的条理和思路有助于我对实际问题的解决（思路条理）
- 讲师能够调动我的积极性，使我参与课程的讨论（学员互动）
- 讲师的问题回答能够有效地解决我的实际问题（有效答疑）
- 不同教学设备的运用有助于我对所学知识点的掌握（教学设备）
- 授课环境有利于我对所学知识点的掌握（教学环境）
- 我能够很投入地参与培训（学员投入）

- 培训符合我的期望值（符合期望）

然后请学员在 1~10 分之间给上述每一项打分，最后再加上两个开放式问题，如“课程的哪些方面可以直接应用到工作中去”或“针对本次课程有什么意见和建议”，等等。这样就构成了一个完整的基于学员参加培训的评估表。但这只是基于学员反应层面的一个维度的评估，那么还有哪些维度的评估呢？

9.2　评估方法：根据需要灵活选用

真正的培训评估不仅仅基于学员反应的层面。我们可以把培训评估看成一个大项目。让我们首先了解一下柯氏四级评估法。

9.2.1　柯氏四级评估法

在培训评估方法里，目前用得最多的就是柯氏四级评估法。Donald Kirkpatrick 博士，在 1959 年完成了题为《培训项目评估技巧》的四篇系列文章，提出应当从反应、学习、行为和结果四个方面来评估培训的效果。20 世纪 90 年代，Donald Kirkpatrick 和他的儿子 James Kirkpatrick 博士共同撰写了《如何做好培训评估》一书，专门阐述四级评估法。

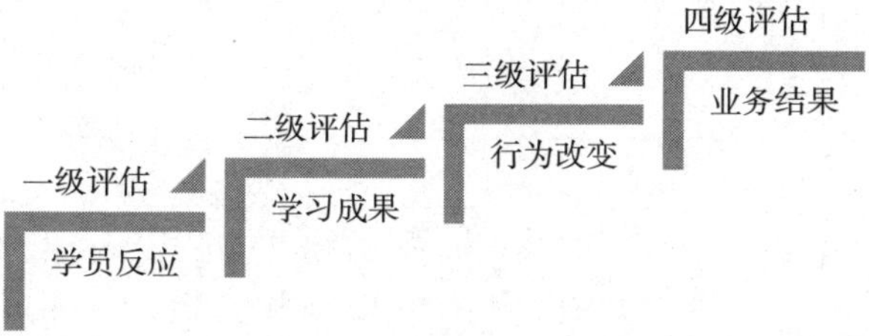

图 9–2　柯氏四级评估法

简单地讲，一级评估是针对学员反应层面的评估，关注学员对培训的不同环节有何反馈，如学员对课程设计好与差的感觉，对讲师授课水平高与低的感觉，对培训环境好与差的感觉，对此次培训总体效果好与差的感觉，等等，一般都是通过课后的培训反馈表进行；二级评估是针对学习成果的评估，关注参加完培训的学员，能够在多大程度上实现知识掌握或技能提升等相应效果；三级评估是针对行为改变的评估，关注学员是否能将培训所学运用到工作中去；四级评估是针对业务结果的评估，关注学员通过培训后的行为转变，为公司带来了多少绩效成果的改善，通常通过业绩提升、效率提升、成本下降、员工流动率降低等指标来衡量。

在不同的层级里，我们应该用什么样的方法来评估呢，请参考下表：

表 9–3　不同的评估方法

	学员反应（一级评估）	学习成果（二级评估）	行为改变（三级评估）	业务结果（四级评估）
问卷调研	△	△	△	
笔试		△		
实操测试 / 练习		△	△	
课后作业		△		
转训分享		△		
一对一访谈	△	△	△	△
行动式学习		△	△	△
观察法	△	△	△	
360 反馈			△	△
周例会		△	△	
辅导 / 指导		△	△	
制订行动计划		△	△	
绩效监控			△	△
成功经验分享			△	△

在一级评估中，我们常用的是问卷调研，即课后反馈表，还可以针对某个学员进行一对一访谈，对课后的学员进行观察等。

在二级评估中：一是围绕知识掌握的评估，我们可以采取笔试、实操测试/练习、课后作业、转训分享、周例会等方法；二是围绕技能提升的评估，我们可以采取行动式学习、辅导/指导、制订行动计划、一对一访谈、观察法等方法。上述这些方法不是只针对某一方面的评估，可以根据需要灵活选用。

在三级评估中，我们通过实操测试练习、行动式学习、周例会、辅导/指导、制订行动计划、绩效监控和成功经验分享来评估学员在实际工作中行为的转变。如有必要，还可配上一对一访谈、问卷调研、观察法和360反馈等方法来多方面了解学员在实际工作中的行为变化。

在四级评估中，我们通过一对一访谈、行动式学习、360反馈、绩效监控、成功经验分享等方法对学员取得的绩效成果进行评估。但需要注意的是，评估级别越高，影响评估结果的因素就会越多，我们在运用上述方法时要注意区分哪些因素是和培训相关的，哪些因素是和培训无关的。

在不同的企业中，以上介绍的不同评估方法要结合实际情况加以灵活运用，甚至可以创新性地将有些方法综合起来应用。而且现在有很多评估方法是可以借助一些APP来完成的。总之，效果比道理重要，最终以得到一个明确的评估结果为准。

9.2.2　重在如何灵活运用

针对不同层级的评估方法有很多，在实际应用中，结合前人经验来选择评估方法固然可以走捷径，但最重要的还是要因地制宜，结合公司的企业文化来选择合适的评估方法和评估内容。比如，同样是针对课后反应层面的评估表，给互联网企业和给制造型企业的评估内容就有可能不一样，倒不是在于评估内容本身的问题，而是在于学员对评估内容的平均接受程度。有的企业学习氛围比较浓厚，学员整体上比较看重评估环节对课程、讲师改进提升的作用；有的企业则不然，认为这只是走走形式，随便填一填即可。

所以，培训管理者一定要根据企业的实际情况来慎重选择评估方法和评估内容。

另外，评估也要与时俱进，绝对不是设计好了评估表格内容，就一成不变。那么在什么时候做出调整呢？当我们发现学员对评估内容已经走形式填写、已经麻木了，所填写的内容已经无法真实反映待评估的要素时，培训管理者就必须对评估方式或评估内容做出调整。比如，在实操中我们发现，当学员填写课后评估内容，尤其是上系列课程时，学员刚开始评估打分还较为客观，但上了几次课之后，反馈分数普遍都会较高，而且培训专员能够明显发现与事实并不相符，这时就需要对评估方式和评估内容做出调整。

首先调整评估方式。我们拿考试这种评估方式来举例。原来我们是培训结束后进行考试，调整为培训前先进行预考。现在很多企业在学员考试时，都支持用手机扫码考试，学员在考完后可以马上看到考试成绩。一般来讲，这个课前成绩都不是很理想（不排除有些得分高的学员对课程内容有一定的了解），然后这个低分就会激发学员的学习兴趣，让学员带着问题去学习。在课程结束时再考一次，通过两次考试评估不仅加深了学员对重要知识点的学习，同时也增加了学员学习的乐趣。

其次调整评估内容。还是以课后评估内容为例。原来我们的评估内容是 10 道选择题加 1 道开放题，现在可以改为 2 道开放题加 1 道选择题，2 道开放题分别围绕课程和讲师的待改进之处展开，“您认为课程有哪些待改进的地方”“您认为讲师有哪些待改进的地方”；1 道选择题为“您对课程的整体满意度为（1~10）”。我们之所以调整的原因，是发现学员对类似系列课程的反馈评估，希望问题尽可能精简一些，直奔主题最好，因为所上的课程内容和讲师已经是相对成熟了，所以我们精简到三个问题。经过两三个班次的实际测试后，发现大家填写的内容明显比过去多，打的分数的离散度也比以往扩大了，说明大家是在思考后做出的判断。

对于新的课程，应在每次授课后进行评估，直到衡量指标的平均值趋于稳定，才可逐渐降低评估的频率。对于成熟课程和成熟讲师，只针对需要特别关注的班次或抽查班次进行课后评估即可，或者设定当某项评估值或总平均值低于某阈值时，才需要做持续的跟踪评估，直到该值的平均值超过阈值为止。

总之，评估方法和评估内容是培训管理者应该花时间去研究的，毕竟它代表着培训效果的检验，是 PDCA（计划、执行、检查、行动）中检查的重要环节，是确保培训改进的基础。

9.3 新柯氏四级评估法的落地

在实际应用过程中，很多企业对培训效果评估都流于形式，大多数培训效果评估都只停留在一级层面上，真正应用到二级的都比较少，更不用说三级和四级评估了。培训的目的是让学员在行为上有所转变，从而达成业绩目标。但如果缺少了三级、四级的评估，就无法用最终的业绩数据来说话了。现在基本上从二级评估就已经出现断点了，那么如何让各级评估深入开展呢，“新柯氏四级评估”为我们提供了一个全新的视角和思路。

9.3.1 新四级评估模型一览

在图 9–3 的一级评估中，除了以往的客户满意度评估外，还增加了对学习参与度和工作相关性的评估。怎样才能评估这些方面呢？正如我们在上节讲到的，在评估表中问一些以学员为中心的问题，如通过“我能够很投入地参与培训”这个问题，让学员进行打分，从结果就可以发现学员的学习参与度是否足够。此外，通过让学员对“授课形式能有效帮助我更好地理解并去解决实际问题”或“讲师对问题的回答能够有效地解决我的实际问题”这些问题打分，也能发现课程与工作之间的相关性是否足够。

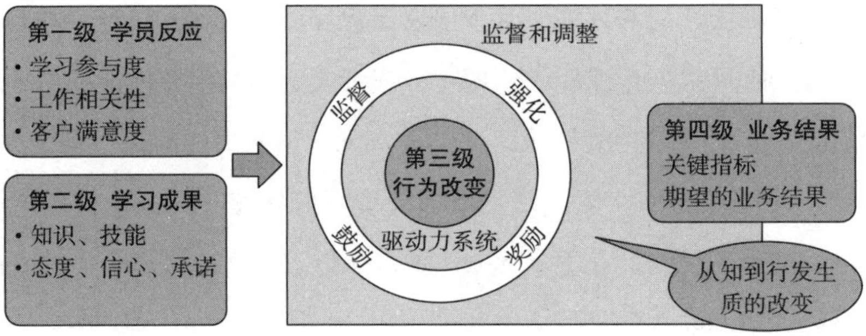

图 9–3 新四级评估模型

在图 9–3 的二级评估中，关于知识和技能的评估就不再赘述了。我们重点关注态度、信心和承诺。学员是否真正在行动上愿意主动将所学知识与实际工作相结合，其实就是一个态度问题。如果态度不对，后面提供再多的支持和帮助，也无济于事。另外是信心问题。影响学员信心的可能有以下几方面的因素：首先，有的讲师并不了解学员回到工作中将会遇到什么样的情况或挑战，导致学员在学以致用时信心不足；其次，有些领导对学员所学习的知识置若罔闻，有些领导甚至阻碍学员对知识的应用；再次，学员已经习惯了之前的做事方法，新的行为改变需要付出更多的努力；最后，学员在工作中如果不使用新知识、新技能也不会产生任何不良后果。以上这些因素都有可能让学员学习后的行动只停留在大脑中，而没有落实到行动中。所以在二级评估中，可以多问一些开放式的问题，比如“如果我们将新的知识和技能应用到工作中去，可能会遇到什么样的挑战”“请用 1~10 分表示你有多大的信心将培训中所学的知识 / 技能应用到你的工作中去，如果分数低于 6 分，请说明原因”等来评估学员的信心。

学员有了信心之后才会有更多的承诺，而通过学员对“我能将课程所学内容应用到实际工作中去”这个问题的打分可以看出他们的课后承诺程度。总之，多问些以学员为中心的问题，可以最大限度地看到我们希望看到的评估效果。

学员在态度、信心和承诺上发生改变后，会体现在行为上。那如何评估员工的行为改变呢，那就需要了解第三级评估了。第三级评估是针对行为改变的。那么什么样的行为改变才是有意义的呢？答案是能够支撑业务绩效结果的行为改变才是值得关注的。所以，首先要界定出什么是支撑绩效结果的关键行为，关键行为的数目并不是越多越好，数量过多容易让员工感到疲倦，也不够聚焦。针对关键行为的改变，新柯氏评估模型在三级评估中引入了一个新的机制——监督和调整，即企业应该提供一个能够对学员的行为改变起监督、强化、鼓励和奖励作用的机制，如图 9–3 所示。监督、强化是提升学员责任感的驱动力，而鼓励和奖励是给学员提供支持的驱动力。以下是建立两种驱动力的一些方法。

表 9–4　建立两种驱动力的一些方法

提升责任感的驱动力	提供支持的驱动力
* 制定相应的流程和制度 * 制订个人行动计划并定期回顾 * 追踪个人关键绩效指标 * 实践后个人成功经验分享 （非知识层面的分享）	* 提供合适的工作场景让学员实践 * 工具或平台的支持 * 经理持续的鼓励 * 经理辅导、面谈 * 树标杆、立榜样 * 开展行动式学习项目 * 配合一定的奖罚政策

只有建立起由以上两种驱动力组合而成的高绩效支持体系，才能使学员在参训后的工作中，持续稳定地进行关键行为的转变。三级评估内容就围绕上述方法的落地进行效果评估即可。

很多人之所以认为第四级评估最难衡量，是因为要有业务成果的体现。我们从两方面来看，一是关键指标，二是期望的业务结果。关键指标就是那些与培训相关度最紧密的业务指标。如质检合格率，这个指标是通过提升员工辨识废品的能力而达成的，而这个能力是通过培训获得的。期望的业务结果就不像关键指标那样要求与培训有最紧密的关联，因为很多业务成果是由很多部门共同作用而产生的。如提高利润、提高运营效率、降低成本、提高市场份额及客户满意度等。而且这些衡量指标已经被相关的业务部门监控和跟踪，培训管理者可以很容易地得到这些业务数据，通过这些数据与其他部门一起体现培训给公司业务带来的价值。

9.3.2 各级评估的角色配合

在整个四级评估的过程中，培训管理者和业务负责人，他们之间的密切配合对于完成全流程的评估工作起着至关重要的作用。从表 9–5 我们可以看到，在不同层级的评估中，针对不同的事项，培训管理者和业务负责人有不同的角色定位。

表 9–5 各级评估的角色定位

<table>
<tr><th>事项</th><th>一级评估</th><th>二级评估</th><th>三级评估</th><th>四级评估</th></tr>
<tr><td>评估对象</td><td>课程，讲师，环境对学员的影响</td><td>学员的知识、技能、态度、信心、承诺</td><td>学员的行为转变</td><td>学员的业绩</td></tr>
<tr><td>评估标准</td><td rowspan="3">培训管理者负主要责任，告知业务负责人</td><td rowspan="3">培训管理部门主导，业务部门配合</td><td rowspan="3">业务部门主导，培训管理部门配合</td><td rowspan="3">业务负责人负主要责任，告知培训管理者</td></tr>
<tr><td>评估分析</td></tr>
<tr><td>后续跟进</td></tr>
<tr><td>沟通机制</td><td>培训管理者与课程开发者、讲师沟通</td><td>培训管理者主动与业务负责人沟通</td><td>业务负责人主动与培训管理者沟通</td><td>培训管理者与业务负责人双向沟通</td></tr>
<tr><td>培训管理者的角色变化</td><td colspan="4">主导者→绩效顾问</td></tr>
<tr><td>业务负责人的角色变化</td><td colspan="4">建议者→主导者</td></tr>
</table>

我们先从评估对象说起。在不同层级的评估中，基本上都是围绕学员展

开的，这与我们之前讲到的要以学员为中心进行评估的思想是一致的。在具体的评估工作中，培训管理者在一级评估阶段肩负着主要责任，负责评估标准的制定、评估分析和后续跟进工作，同时告知业务负责人即可。从二级评估开始逐渐过渡到需要业务负责人配合。到三级评估时变为配合业务负责人进行评估。到四级评估时完全由业务负责人承担主要责任，同时业务负责人应及时告知培训管理者。在沟通机制上，一级评估主要是培训管理者与课程开发者、讲师进行沟通。从二级评估到四级评估，基本上都是培训管理者与业务负责人的沟通，无非就是两者主动性的变化而已。从一级评估到四级评估，培训管理者的角色由主导者转向绩效顾问，同时，业务负责人的角色由建议者转向主导者。

为了让新柯氏四级评估法能够更快地落地，培训管理者还需要重点关注以下 3 件事，详见表 9–6。

表 9–6　培训管理者需重点关注的三件事

选择合适的项目	选择合适的群体	与业务负责人持续沟通
* 有影响力 * 复杂程度不太高 * 关键行为可监测 * 业务结果可衡量	* 对培训流程熟悉 * 态度积极，上级领导配合 * 有较强的责任心 * 理解培训对自身的价值	* 建立公示定期沟通协调机制 * 根据问题随时调整评估方案

不是所有的培训项目都具备四级评估的条件，所以培训管理者需要提前选择项目。首先，要找到一些和业务关联相对紧密、有影响力的培训项目（比如后备人才培养项目，而新员工培训项目就不太适合），而且参训的学员对培训流程相对熟悉，他们对培训的评估并不陌生，并且在培训后的关键行为和业务结果都可以被业务负责人有效观察。在培训开始之前，要告知所有学员和他们的上级领导，我们要通过这个培训项目起到什么作用，并且会在各个阶段进行效果评估，希望得到所有学员和学员上级领导的支持。在培训结束后，培训管理者要及时向学员上级领导告知培训的进展情况，并要求学员上

级领导定期反馈学员在培训后的行为改变，如果某些学员在业务结果上取得了成绩，要马上进行宣传，让更多的学员可以参考这些标杆进行学习，最终让更多的学员可以在四级评估中取得优异的业务成果。

老 HRD 的智慧

培训管理者必须先从希望的预期结果出发，然后与业务部门一起分析学员要取得这样的结果必须在哪些关键行为上有什么样的转变。然后针对这些转变重点设计课程内容。在课程结束后，要以学员为中心，通过一级评估的各种方法对培训课程和讲师提出改进建议；通过二级评估，了解学员对知识、技能的掌握程度，针对他们对知识是否能有效应用在工作中的态度、信心和承诺作出评估。在三级评估中，业务负责人要承担主要责任，帮助学员提升责任感，并对学员在工作中遇到的问题提供必要的支持和帮助，以使学员们在最终的四级评估中取得好成绩。培训管理者不仅要让参训学员学到他们需要学习的内容，还要让他们和他们的管理者对培训项目的实施喜闻乐见。

第四部分
善器——管理提升，效率有保证

在培训实施的过程中，培训管理者不仅要注重课程内容的改进和讲师能力的培养，也要关注如何提高培训效率和培训效果。尤其是在互联网技术应用非常成熟的今天，要充分利用好各种线上线下工具，才能达到事半功倍的效果。本部分将从选好 APP、平台管理和录播 / 微课三个章节进行详细阐述。

第十章

选好 APP

——既提升效率又增加满意度

本章导读

在互联网高速发展的今天，很多科技手段大大地提高了人们的工作效率。APP 的应用给培训带来的革命让很多培训管理者多年积累的复杂运营经验瞬间变得简单、易行。在培训领域，有很多 APP 应用或小程序可以选择使用，如 UMU 互动、问卷星等。面对层出不穷、功能各有特色的 APP，选择一个适合自己公司的，通过试点运行后快速推广，不仅可以节省人力、物力，还可以大大地提升效率，达到事半功倍的效果。

"不求功能最全，但求应用最广"，选择 APP 一定要从公司的业务情境角度出发，站在用户（学员、讲师）的角度，以最大限度提升培训实施效率，同时兼顾其他业务的应用。为了更好地推广使用 APP，在正式大规模推广之前，一定要先在小范围内做试点，待积累经验后再正式推广。此外，APP 的使用还需要与公司的流程制度及培训管理系统相结合，这样才能最大限度地发挥它的作用。

10.1 选对用好：不求最好，只求适用

选择 APP 很重要，因为一旦我们选定了一个 APP，后面就要花很大精力去培养所有学员的使用习惯，继而让所有学员都愿意使用它，这需要一个过程。我们几乎不可能同时使用多个 APP，一方面是大家很容易混淆，另一方面也不便于培训管理者的统一管理，还有就是沟通成本过高。所以，先要选对，才能用好。在选择上宁可多花些时间，多找些部门做功能测试，一旦选对，就要不遗余力地推广使用。

10.1.1 系统思考，理性选择

我们在选择 APP 时，要从 APP 如何提高培训效率和学员培训体验的角度来选择。我就用我使用过的一个 APP——“UMU 互动”为例，并结合培训的工作流程和大家分享一下应该从哪几个方面选择 APP。

1. 课前培训需求的收集：要想取得好的授课效果，课前需求调查非常重要。以往从讲师到学员的信息反馈，要经过培训组织者转述传达、需求收集和转达讲师三个步骤才能完成。现在讲师只需在 APP 的手机或 PC 端设计好调查问卷内容，然后将问卷的链接经由培训组织者转发给学员即可，讲师可以在手机或 PC 端随时查看调查结果，无须再经过培训组织者，效率大大提升。这个功能一般 APP 都具备。

2. 可提前制作微课：通过在手机上选择几张图片，将图片排序后，对每张图片依次进行简单讲解录制，就构成了一个简单、互动且有效的微课。

3. 面授培训中的功能：主要是从讲师授课的便利性和学员使用的便利性角度来考虑。

①学员签到功能：学员可以用手机中的 APP 扫描二维码签到，而且二维码是动态变化的，避免某些学员将二维码拍下来给迟到的学员扫码签到以蒙混过关，所以二维码的防伪技术非常重要。

②上传视频文件：现在越来越多的讲师在授课中运用视频，传统的做法是要么将视频嵌入到 PPT 中导致 PPT 非常大，不易传输和携带。要么是在 PPT 中链接一个视频文件，但还是需要将 PPT 和视频文件分别存放，而且存放文件夹的名称和位置不能改变，否则无法有效链接。而且上课时操作比较麻烦，视频放映结束后还要把播放器及时关闭，否则会连播其他视频。UMU 可以实现将视频提前上传到网络上，生成一个链接，然后在 PPT 中只需添加这个链接就行。这样无论到哪里授课，只要有网络条件，讲师只需带一个 PPT 文件即可，文件大小与视频大小无关，无论有多少个视频，都可以事先上传至网络，然后在 PPT 中进行超链接。UMU 通过技术确保即便在一般网络环境下视频也能流畅播放。

③插入二维码，实现课堂互动：讲师在授课时如果只讲不问，那一定不是好讲师。好的讲师在上课期间会做大量的互动提问，这些问题可以在课前设置好。讲师将每个问题或待讨论活动生成一个对应的二维码，并将不同的二维码图片插入到 PPT 中。每当讲到有二维码的地方，就是需要与学员互动的时候。学员现场用手机扫码回答问题，可以单选、多选或填空，然后讲师现场马上把学员的答案投射到大屏幕上或者学员也可在自己的手机端查看其他学员的回答。

④将白板纸内容投射到大屏幕上：现在很多讲师上课时需要小组讨论，小组成员将讨论结果写在白板纸上，但呈现时，因为有时学员写的字体小或小组间的距离远，大家看不清楚白板纸上的内容。UMU 有一个“拍照上墙”的功能，可以将白板纸上的内容用手机拍照后直接投射到大屏幕上，方便各小组人员的观看。

⑤随堂题库考试：学员用手机扫描二维码进行考试，而且试题是从试题库中随机抽取的，可以设置及格分数，也可以限定考试时长和考试次数。学员

一考完试马上就可以知道考试成绩和哪里做错了。

⑥课程反馈评价：学员用手机扫二维码进行培训反馈，可以填分数，也可以填文字。然后各项平均分马上就可以显示出来。

⑦视频会议：有时可以直接采用视频会议或互动直播的方式来让异地的学员参与进来，提高培训的实效性。

4. 培训后的课程跟进：

①学习资料下载：讲师可以将上课的 PPT、视频等资料都做成一个链接，通过微信发给学员，学员在需要回顾复习时，点开微信中的链接即可重新学习 PPT 或视频内容，非常方便。

②作业提交打分：学员的课后作业提交也可以通过讲师在 APP 上设置的一个链接直接填写完成后提交。讲师直接在手机或 PC 端看到学员的作业内容。对于那些需要让学员通过表达完成的作业，UMU 还支持用人工智能技术对学员的语音、语速、面部表情、表达连贯性和肢体语言进行自动打分，也支持同学间的相互打分，增加了学习的趣味性。

③历史课程记录：无论是讲师端还是学员端，都可以看到过去所学习过的所有课程信息，方便回顾复习。

总之，在选择 APP 时，一定要从学员、讲师、培训组织者的角度出发，方便他们使用，提高整体实施效率。

10.1.2 局部试点，摸索经验

先找到一些业务或职能部门进行试点使用，对他们进行重点帮扶，想方设法解决他们提出的各种困惑或问题。作为培训管理者，一定要打开自己的思路。因为对于业务或职能部门，他们关注的不仅仅是课程的实施效果，而且包括学员和培训对业务的影响。比如，可能会遇到应参加培训的员工由于工作原因无法参训时怎么更有效地补课；如何验证他们学完后的效果是好是

差；以及如何能让他们在需要知识点时能够快速找到；等等。所以，培训部门要指派专人深入试点的业务或职能部门，了解他们的业务流程、人员情况以及希望通过培训达到什么效果，现在在培训实施上都遇到了哪些困惑，等等。一般来讲，培训部门只要从效率提升、节省成本、数据管理三方面切入，想方设法发挥 APP 的作用，通常实现效果都会很好。

首先，业务或职能部门最关注的就是组织培训时人员时间的投入，他们既希望多组织部门内训，提升学员的能力，又不希望因为组织培训而消耗太多的时间。有时为组织一个部门内训，前前后后投入不少人力、物力，从前期准备课程、试题、打印教材，到培训通知、请讲师、上课、考试、反馈，再到后期判卷等，非常消耗组织者的精力，有时业务一忙，根本就顾不上组织培训。那么培训部门就可以针对以上问题，看 APP 在哪些方面可以提升业务或职能部门培训组织者的工作效率。比如，在做课前准备时，可以借助 APP 先发起一个关于培训时间的征求意见，大家随时选择，随时可以看到统计的数据，这样也有利于借助大家的趋同性，根据大家选择较多的时间来安排培训。避免培训组织者自定一个培训时间，学员一到培训时就说忙业务没时间参加的情况发生。在培训前可以通过 APP 做一个课前调查，将学员的培训需求提前收集上来。

其次，可以和业务或职能部门谈如何节省成本。讲师在课前将教材上传至 APP，到上课时学员只需用手机扫描二维码即可在手机上浏览教材，既节省了纸张，又省去了大量打印教材的时间。上课前的签到也可通过 APP 来实现。上课过程中的小组讨论，不一定非要使用大的白板纸和白板笔，完全可以使用 A4 纸，然后将讨论结果用拍照上传功能投射到大屏幕上，这样不仅节省了白板纸、白板笔的费用，而且便于所有人观看。课后考试时，也无须打印试卷，而且每个学员的试题都是随机从上传试题库中抽取的，避免了大家相互抄袭又不好监管的窘境。培训反馈表也无须打印，都可以通过 APP 来收集。

最后，告诉业务或职能部门 APP 中的数据管理给他们带来的价值。如果培训内容非常重要，在讲解过程中，可以把全过程录制下来，然后用 APP 上传至网络，让缺课的学员随时补课，上过课的学员也可以在需要时重温课程内容。上面所有用 APP 设计的活动，参与学员的数据都会一直保留在系统中，大大节省了培训组织者整理数据的时间，而且培训组织者可以在 APP 中为不同的培训项目设置不同的文件夹，将来便于整理数据。

只要在试点部门看到了很好的效果，培训部门就可以组织经验交流会，邀请其他业务或职能部门的培训组织者参加，请试点部门的培训组织者和大家分享如何借助 APP 提效降本的经验。

10.2 快速推广：项目应用成果展现

如何让培训部门选择的 APP 在公司内最大限度地发挥它的作用，最大限度地满足业务需要，是培训组织者需要认真考虑的事。众所周知，每位员工的手机里都安装了很多 APP，对于工作中使用的 APP，大家更希望能物尽其用，使用率高一些。本小节将讨论 APP 如何结合业务，灵活使用，以及如何在推广后固化成流程。

10.2.1 结合业务，灵活使用

作为培训管理者，要在平时的工作中善于发现创新点。所谓的创新点就是找到可以通过 APP 大大提升工作效率的那些关键点。在平时的非授课环节中，就可以找到一些创新点。比如，以往我们在做内训师认证评审时，在候选内训师试讲结束后，评委需要给候选内训师在评价表上打出分数。以往培训组织者需要为每位评委都准备若干份评价表，而且还要在每个评价表上注

明候选内训师的姓名，待评委评价结束后再收集起来手动计算平均分。这个过程非常烦琐。用 APP（如 UMU）就可轻松实现无纸化评审，而且评审结果实时呈现。培训管理者只需提前将候选内训师的姓名依次输入系统，将评审标准也提前输入系统，到时评委只需要扫一次二维码，通过点选候选内训师姓名，输入评价分数后提交即可，也无须每次还要在每张评审表上签字，因为评委在扫码登录系统的过程中，系统已经识别出评委的身份，所有的评审结果都将和每位评委相关联。更重要的是，下次再开类似认证评审会时，只需改动被评审人员姓名即可，其他的都可以直接转化使用，大大地提升了工作效率。还有一个创新点，以往我们邀请某个专家给大家一对一答疑时，需要提前排出每个人的答疑时间区间，并且通知到每个人，中间万一某人时间有变化，还需要再通知其他人。利用 APP 的开放提问功能，让答疑者自行输入希望答疑的时间区间，首个提交者的时间区间可以任意选，但后面再提交者都可以看到前面已提交人员的时间区间，从而避开已选时间段，避免时间安排上的冲突，也无须培训组织者一对多地反复沟通协调。通过此功能搭建了一个空中的公示牌，让每个人自主安排预约时间，自主解决已约好时间临时改变的情况，提高了沟通的有效性和沟通效率。

还有一些关键点不一定是在培训的相关环节中。如果在业务场景中也能让培训部门的 APP 发挥作用，那将更有利于 APP 的推广和使用。比如，上面说到的内训师评审功能，再延伸一下，就可以用到公司的一些演讲比赛、技术评比等活动中。只要是有不同的选手参加，需要不同的评委围绕同一个标准来打分的活动，都可以用上述 APP 来完成。还有一个场景，也可以借助 APP 来大大提升效率。比如，很多企业都会定期举办安全大检查，需要派不同的安全员深入到企业的各个部门去发现安全隐患。传统的做法是每个人将发现的隐患点先拍照记录下来，等检查结束后再将照片发给组织者，由组织者进行分类处理。现在利用 APP 的“拍照上墙”功能（UMU 中的功能），在所有安全员还没有开始检查前，组织者可以先把待检查部门按类别进行设置，每个部门生成一个拍照链接，不同的安全员检查同一个部门时只要用同一个链接，拍照后的照片就会自动按照部门进行分类。在检查时，大家如果看到隐患点，只要在微信上点一下链接，就会进入拍照状态，拍完照片后需要写一段话对拍照内容进行描述，然后点击提交即可。这样，所有的照片和相关描述都可以做到实时上传、实时分类、实时保存，而且谁在什么时间点拍了哪些照片都可以准确无误地记录在系统内，后期也无须再安排人进行整理分类的工作。凡是在业务场景中有类似分散收集的数据，但需要集中存放的，都可以用此功能来实现。

10.2.2 优化推广，固化流程

一个 APP 能否适应业务不断发展变化的需求，是对 APP 及其使用者的一个考验。很多培训管理者在对一个 APP 操作熟练后，往往会产生惰性思想，即希望培训的流程或业务的流程不要有大的改变，否则很多过去的经验操作方法都要推倒重来，这是典型的削足适履的做法。其实不仅是业务的需求在变，APP 也在不断升级变化中，包括操作界面、功能等。所以，想要保持 APP 设置一劳永逸的思想是根本行不通的。相反，培训管理者应该积极地应对由于业务流程的改变而可能导致的培训流程改变，不断利用、开发 APP 的各种功能来满足业务和培训项目的需要，不断优化 APP 的使用方法，并尽可能推广，让更多的业务部门使用。只有能适应业务变化的 APP 才会最终被大家接受。随着大家逐渐将 APP 与业务紧密结合使用，而且越来越多的员工开始使用推荐的 APP，这时将 APP 的使用流程固化到工作实施流程中就显得更重要了，只有这样才能确保规范使用 APP，避免随意使用 APP 导致输入数据格式不统一给培训实施效果带来的影响。

首先，培训管理者可以把培训业务中所涉及的和 APP 使用相关的工作都梳理出来，找到对应的管理规定，如课程认证管理规定、内训师认证管理规

定或培训实施管理规定等。涉及 APP 使用的环节往往是在管理规定中的流程说明部分。需要注意的一点是，在管理规定中进行固化是为了让流程的实施步骤更加细化和更加顺畅，而不是为了强调某个 APP 是如何使用的。培训管理者在优化流程说明时，只需按照时间的维度从前到后分别把培训实施人员在每个节点使用 APP 做的事情写入流程说明即可，包括在哪个节点使用哪个功能，输出什么表格，等等。在流程实施说明中不用提 APP 的名称，因为从长远角度讲，随着新的 APP 不断出现，只要功能相同、操作便利、性价比高的 APP 都有可能被采用。

对于上一个小节中提到的 APP 在不同业务场景下的应用，如公司内部大赛评委打分的应用、平时各部门业务检查拍照留存的应用，都建议业务部门将相应的操作步骤更新到各自部门负责的管理规定中。只有将已经被证实行之有效的方法固化到操作流程中，并且要求大家必须按照操作流程去做，才能最终发挥 APP 应用的优势。对于在执行过程中出现违规操作的问题，该处罚就处罚。只有这样，才能起到规范员工行为、提高工作效率的目的。

10.3　发展趋势：定制化开发系统

随着 APP 在培训管理工作中的地位越来越重要，培训管理者一定希望通过 APP 能够解决更多的个性化问题。如果需求足够大，也许 APP 开发商在费用有支撑的情况下可以给予定制化开发。但在大多数情况下，这种定制化开发的难度是非常大的，因为 APP 的开发升级往往会涉及不同单位的很多用户，APP 开发商不会因为一家企业有特殊需求，就修改当前已推广发布至很多企业的 APP 版本。所以，如何将现有企业应用比较成熟的 APP 与所在企业的培训管理系统做好对接，将是 APP 能否在企业发挥持久作用的关键。

10.3.1　百花齐放，灵活定制

现在和培训相关的 APP 越来越多，令人应接不暇，相信将来随着功能使用的细化，还会有越来越多的 APP 加入这个市场。目前，和培训相关的 APP，如果粗略地划分，大概可分为三类：第一类是以内容为主，即提供大量的移动微课，可供客户选择，这一类的 APP 会越来越少。第二类是以培训管理为主，即不提供课程，专注于将培训的管理和实施电子化，如“问卷星”多用于课前、课中和课后调查，而“UMU”可用于培训全流程管理。我们过去做培训时，需要几个人做的事情可能今天通过一个 APP 的应用就搞定了。第三类是内容加培训管理，即提供学习平台的同时也提供移动微课内容。“云学堂”“学乎”“昶戈”都属于这一类。

随着 5G 的到来和 AI 技术的不断应用，很快就会出现基于 AI 技术的 APP。比如，培训管理者把预先设置好的课程内容按照一定的分类规则进行上传。上传后，学员只要说出自己想要了解的内容或问一个问题，APP 就能将匹配好的答案读出来或将几段文字或几个相似的 PPT 推送出来，供学员参考下载。而且 APP 能根据语音识别出学员的个人信息，并根据个人岗位情况和以往问过的问题，给出相应的学习课程建议，等等。利用 AI 的视觉识别技术，对于一个进入完全陌生岗位的新员工来讲，他只需拿着手机，对着某关键设备或标识物，让 APP“看一眼”，APP 就能告诉他所有关于这个设备或岗位的全部知识，避免新人连问问题都问不出来的尴尬。视觉识别技术还可以实现“免签到”的功能，即学员上课无须自行签到，只要一进教室，摄像头就会抓取学员脸部信息进行身份识别，再与学员报名信息进行匹配检查，如果一致就视为签到成功。

科技手段的进步永远超乎我们的想象。目前由于“小程序”应用的出现，已经无须再安装 APP 了，它的出现大大节省了用户的内存空间，用起来很方

便。但是“小程序”毕竟还是“小”，培训的环节往往涉及很多方面，需要有很多不同的功能模块组合来完成，而且不同企业在不同发展阶段对使用功能的要求也有所不同。现在有一种 APP 应用，技术上已经可以实现“私人定制”了，就是你需要什么功能，只需在 APP 的功能清单中勾选对应的功能框即可，后台会自动将所选中的功能进行后台数据拼接。这种技术代表了一个趋势，将打破一个 APP 功能固化的局面，最终可能会形成针对几个类别、几个行业的 APP 应用超市，到时候用户就像逛超市买东西一样，可以根据自己的需要在应用超市里，想要什么功能就“买”什么功能，而且后台数据是能够实现互联互通的。

无论 APP 如何发展，培训管理者都要对 APP 有一个清晰的定位，一定是围绕业务需要来选择 APP，千万不能本末倒置。在此期间，培训管理者要经常关注 APP 市场的最新动态，密切追踪培训新趋势、新技术，多关注第三方机构对培训 APP 的使用建议，以便更有效地选择好的 APP。

10.3.2 统一管理，系统整合

APP 可以大大地提高培训管理过程中的工作效率，而且会产生大量的、有价值的数据，如学员的上课信息、考试信息、课程认证及讲师认证信息等，这些数据就像一颗颗珍珠一样，散落在每个人或每个部门运用 APP 时产生的后台数据存储中，如果不能有效地管理这些数据，将来就是“满地散落的珍珠”，无法体现出培训对企业的价值。

如果从“点线面”的角度来理解数据管理，每个学员运用 APP 产生的数据就是一个个的点，比如学员在 APP 上填写一条信息、回答一个问题或签到参加一个培训；不同学员运用同一个 APP 产生的数据就是一条线，比如许多学员围绕一个课程提供的培训评估或考试成绩；如果把一个 APP 中的不同培训项目产生的数据（即不同的线）都组合起来，就构成了一个面。任何一家

公司，当培训做到一定规模时，都需要建立自己的培训管理系统，而且这个管理系统是隶属于公司层面的，是人力资源管理平台的一部分。也只有建立了自己的培训管理系统，才能把不同“面”上的数据进行关联并管理起来。这就带来了一个新的问题，即如何在 APP 和培训管理系统之间搭建一个桥梁，让 APP 产生的数据可以直接进入公司培训管理系统的数据库。这就需要公司 IT 部门的大力支持。

首先需要解决的就是 APP 中的学员身份验证问题。一般的 APP 都是用手机号或邮箱进行注册，但如果想要让 APP 产生的数据直接进入公司培训管理系统，每个学员在使用 APP 注册时的手机号就一定要和在公司人力资源管理系统中登记的保持一致，然后通过企业微信号做身份验证，再把 APP 加入至企业微信号中，这样就能确保公司内的所有员工都可以顺畅登录 APP，而且身份是唯一的。

其次是 IT 部门要确保 APP 中的学员信息与公司管理系统数据库中的信息保持同步更新。因为公司的人员和组织架构经常发生变化，保持人员信息的实时更新有利于培训管理者及时调整培训计划。另外，就是要解决 APP 中的培训数据如何与培训管理系统对接的问题，这个环节最复杂，往往会涉及 APP 数据库与培训管理系统数据库的结构是否一致、数据类型是否一致、数据读取的接口是否能直接对接等专业技术问题。在这个环节，需要培训管理者协调公司的 IT 部门和 APP 的技术人员进行直接沟通。

即便按照上述操作将 APP 数据与培训管理系统对接成功，也只是完成了从一个 APP 到培训管理系统的数据采集功能，对于不同 APP 之间的数据整合，依然要靠培训专员手动去完成，这就给培训管理者带来了很多不便。如果公司的 IT 部门有开发实力的话，可以基于自身的培训管理系统在后台进行定制化 APP 的开发，这样更容易实现从培训需求调研、线上课程记录、线下课堂签到、课堂互动成绩到课后考试及课后反馈等全流程的无缝连接。培训管理者只要在培训管理系统上设定好课程，无论是线上还是线下课程，学员都可以通过手机扫描二维码完成培训的报名、学习、反馈、考试、补课、调研等功能，大大降低了培训专员的工作量，而且数据更加精准，时效性也更强。这种基于学习平台的集成 APP 应用一定是未来发展的一个方向。

老 HRD 的智慧

“不求功能最全，但求应用最广”，选择 APP 一定要从公司的业务情境角度出发，站在用户（学员、讲师）的角度，以最大限度提升培训实施效率，同时兼顾其他业务的应用。为了更好地推广使用 APP，在正式大规模推广之前，一定要先在小范围内做试点，待积累经验后再正式推广。此外，APP 的使用还需要与公司的流程制度及培训管理系统相结合，这样才能最大限度地发挥它的作用。

第十一章

平台管理

——助力培训业务走上新高度

本章导读

在信息量空前丰富的今天，如何有效地管理好员工知识的获取方式、获取路径，并且能够不断地对员工获取的知识进行跟踪、对员工学习过程的数据进行分析，对培训管理者来讲非常重要。本章将围绕以下三个方面来展开探讨：

- 学习平台如何搭建：SAAS 模式，高效运营，灵活配置
- 如何更有效地利用学习平台：线上线下，分类管理，按需所学
- 平台的哪些信息对业务更有价值：分析数据，数据会告诉你一切

学习平台是确保培训工作顺利开展的基础。它既包含了所有线上、线下的课程架构，也包含了所有学员参加培训的信息，而更多的还是一个公司培训管理理念的体现。对于学习平台的选择，一定要结合企业实际的需要，以方便员工查找课程、方便培训管理者或培训对接人设置课程、方便所有培训数据的导出为出发点来构架学习平台。同时，学习平台要与公司的培训管理系统进行对接，做好学员信息和学习数据的定期维护，并根据不同需求进行数据透视分析。

11.1　SAAS 模式：高效运营，灵活配置

SAAS（Software As A Service）是软件就是服务的意思。SAAS 是近年来越来越被企业接受的一种方式，小到手机上的小程序，大到公司使用的软件平台。在 SAAS 模式下，使用者只需在自己的客户端安装一个软件即可，无须支付高额的软件授权费用和硬件维护费用，而且还可以享受软件的免费升级服务。尤其是在互联网技术高速发展和应用软件日趋成熟的今天，我们更要对 SAAS 模式对培训产生的影响有一个清晰的判断。

11.1.1　SAAS 模式与买断模式的区别

对于 SAAS 模式与买断模式的区别，我们可以从投入资金、购买频率、购买内容、数据安全和可开发性这几个方面来进行对比。见表 11-1。

表 11-1　SAAS 模式与买断模式对比表

	投入资金	购买频率	购买内容	数据安全	可开发性
SAAS 模式	无须软件、硬件和维护人员的投入，单次投资少	按需每年续约	始终保持最新版本	相对不安全	不可自主开发
买断模式	需要软件、硬件和维护人员的投入，单次投资高	一次性购买	当前版本	安全	可以自主开发

1. 投入资金：相比买断模式，SAAS 模式无须软件授权费用、服务器购买费用和维护服务器的人员费用投入，因而单次投资较少，但需要每年都有持续的投入，而买断模式则是一次性投入。相对来讲，SAAS 模式的投资方式比较稳健，尤其是在技术快速发展的今天。买断模式的一次性投入很可能因为

旧有技术被逐渐淘汰而面临重新购买的风险。所以，很难从总体投入资金上说谁多谁少。SAAS 模式的核心是数据，只要任何一个平台能够满足对数据的处理和贴近企业用户的使用习惯，企业就可以轻易地转换质优价廉的平台。

2. 购买频率：买断模式顾名思义是一次性投入，后续除非要求平台供应商提供额外的定制开发服务，才会再次发生购买行为。但 SAAS 模式是每年进行一次购买，如有特殊情况，中间间隔一年也问题不大，只是停一年的 SAAS 服务而已，所以相对灵活很多。也可以和平台供应商谈季度付款或半年度付款。

3. 购买内容：SAAS 购买的内容可以说是与时俱进的，因为平台供应商会不断地增加新的实用功能，并优化使用性能。企业也可以要求平台供应商为其定制开发一些功能。企业每年可以根据自身的不同需求来调整费用投入，这对企业来讲是一个极大的优惠条件。比如，使用人员的变化、使用功能的变化都可能导致当年平台购买费用的变化。而买断模式的购买内容是一次性固定的，合同里写的什么，平台供应商就提供什么样的服务，而且主要的服务内容都在这一纸合同中体现。

4. 数据安全：在 SAAS 模式下，由于企业并没有在硬件设备上有所投入，所以培训过程中产生的数据是存放在云端的，这就给数据安全带来了一定的隐患。尽管我们和平台供应商签合同时，会强调数据的安全性，但毕竟不像买断模式下数据存储在自己的服务器上那样安全。

5. 可开发性：由于 SAAS 只提供服务，它的核心技术是掌握在平台供应商手中的，作为企业只有使用权，没有开发权。但采用买断模式，企业是可以在原有平台上做二次开发的，一旦走上二次开发的道路，用不了几年，这个平台就会大变样，而且维护的成本会越来越高，最终要么继续坚守，要么重新换平台。

综上所述，从短期费用支出和享受服务的便利性来讲，SAAS 模式是首选；从数据安全和系统可扩展性方面来讲，买断模式比较占优势。

11.1.2 综合了解不同平台的功能架构

在选择学习平台时，一定要综合了解不同学习平台的功能架构，挑出一个既能满足公司当下的培训业务需求，又能符合未来培训业务发展的学习平台。我们至少可以从两个方面来选择学习平台，一个是它的“身世”，另一个是它的“本领”。

“身世”是指它的“前世”“今生”和“来世”。“前世”指的是我们要了解这个平台的开发背景，是基于一个传统学习平台改制的？还是基于新技术、新团队的开发成果？如果是前者，可能后续的创新性和扩展性会受到限制，但系统相对稳定。如果是后者，则要关注开发团队领头人的实力，看看他之前都开发过哪些类似的平台。“今生”就是指这个平台已经经历了多少个客户的使用体验，这些客户的行业与自己公司所在行业之间的差异，因为不同行业的客户对学习平台的要求和使用习惯都不一样，互联网企业年轻人较多，喜欢功能多、趣味性强、互动性强的学习平台；制造业则追求具有功能实用、操作简单、性能稳定等特点的学习平台。“来世”指的是要了解开发团队对学习平台的未来发展有何打算，有无基于未来技术，如基于AI的开发计划等。了解平台的“身世”，须从整体设计架构、核心开发团队和行业用户案例三个方面入手，看平台现在的生命力和未来的发展潜力。

“本领”是指平台现有的功能是否强大和完善。一般是从“前”“中”“后”三个维度来了解。“前”指的是平台通过何种方式面向学员，学员是否可以通过PC端、手机端接入平台；学员在PC端看到的内容与手机端看到的内容是否有很大的差异；在PC端或手机端呈现的功能模块是否可以按需求进行隐藏。因为对于一个新的平台，学员需要有个熟悉、了解的过程，如果一下子把所有的功能模块全部展现出来，会让学员感觉无所适从。管理员可以先隐藏那些用不到的功能，随着学员对平台的了解程度逐渐加深，再打开相应的功能模块，让学员循序渐进地了解。“中”是指平台的主要功能模块是否齐备，如课程（含线上 / 线下课程）模块、培训班（学习多个线上 / 线下课程、开课通知）模块、单课学习模块、在线考试模块、资料查看 / 下载模块、虚拟教室模块、新闻快报模块和在线社区（含积分排行、疑难解答）模块等。这些模块都是与学员的客户体验直接挂钩的，直接影响培训管理者的购买决策，也是区分不同平台技术实力的重要体现。“后”指的是平台管理功能，包括用户管理（对学员和不同层级的平台管理员的管理）、培训班级管理、课程管理（课程上传、资料上传）、考试管理、讲师管理、供应商管理和报表管理（可根据管理员的需要，从数据库中生成各种报表，如培训班级报表、课程学习报表、学员积分报表、考试成绩报表和讲师授课报表）等管理模块，方便管理员在后台对与学习相关的活动和资源进行设置，并及时生成报告。

以上对平台“身世”和“本领”的了解，主要是从架构和功能的角度来看。在真正的使用过程中，操作界面是否友好、操作过程是否顺畅，还要培训管理者和学员代表亲自去体验一下。

11.2 线上线下：分类管理，按需所学

用线上与线下相结合的方式进行学习，对大多数人来讲并不陌生。作为公司的培训管理者，不能只搭建一个学习平台，放些电子课程就完事儿，重要的是让员工系统地、循序渐进地学习，所以既要让课程变得容易查找，又要将线上课程与线下课程有机结合起来。

11.2.1 平台课程，按需呈现

学习平台一般都会提供很多电子化课程，企业后期也会开发线上课程与

线下课程。我们的学员面对如此多的课程，经常感到不知所措。如何让学员快速找到自己想要的课程，是培训管理者必须要考虑的问题。

首先，我们要意识到所有的课程都是以提升员工技能为目的的。员工掌握了不同的技能后，就具备了不同的能力，而不同的能力又是不同的岗位所要求的。对平台课程进行分类有不同的分法。有的公司按业务或职能部门来分，有的公司按岗位来分，上述这两种分法可能存在的问题是一旦公司的部门和岗位发生变化，就要重新调整课程的分类。这里建议先按照课程的类别来分，然后按照专业或岗位类别（如人力资源类、财务类、销售类）分类，最后按照能力和技能逐层分类。

在第四章，我们说过一般把课程分为通用素质类、职业技能类、专业技术类、管理提升类和专题项目类。所以，无论是外购的电子化课程还是内部开发的课程，先按照这五大类进行区分。外购的电子化课程一般都有它自己的课程分类方法，如人力资源模块、市场营销模块、自我管理模块等，我们在引入时要按照课程的内容把原来的分类方法先改为五大类别的分法。我们可以在选择学习平台谈判时将其作为一个服务要求向平台供应商提出来。

下面我们分别以通用素质类、职业技能类和专业技术类的课程分类为例进行说明。首先看通用素质类课程，参见图 11–1。

在通用素质类中，我们可以按照不同的专业或岗位类别将课程分为“沟通模块”“财务模块”和“人力资源模块”等。在“沟通模块”中，通用能力主要表现在“沟通能力”和“沟通技巧”等方面。而要想提升“沟通能力”，需要有对应的技能提升课程，比如“何为沟通”和“运用肢体语言”等课程。同理，在“财务模块”中，通用能力表现为“财务基础”等方面。而提升“财务基础”这方面能力，也需要有对应的技能提升课程，比如“现金流量表”和“资产负债表”等课程。目前外购的电子化课程，有很多都可以放在通用素质类，以满足员工基本素质提升的要求。

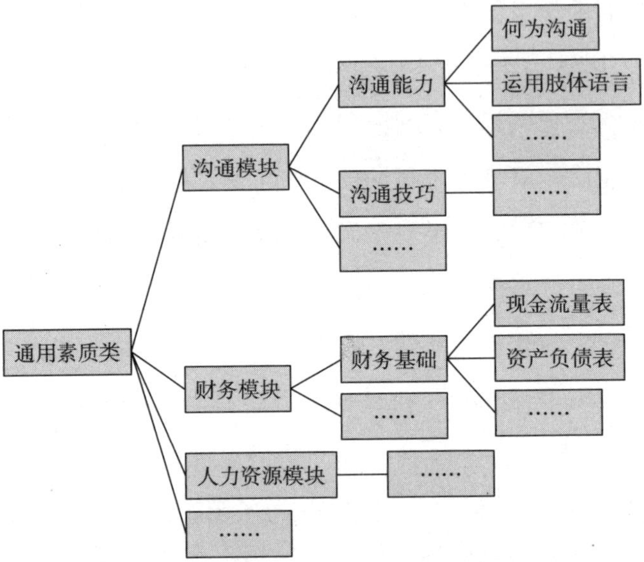

图 11–1　通用素质类课程分类举例

其次看职业技能类课程，参见图 11–2。

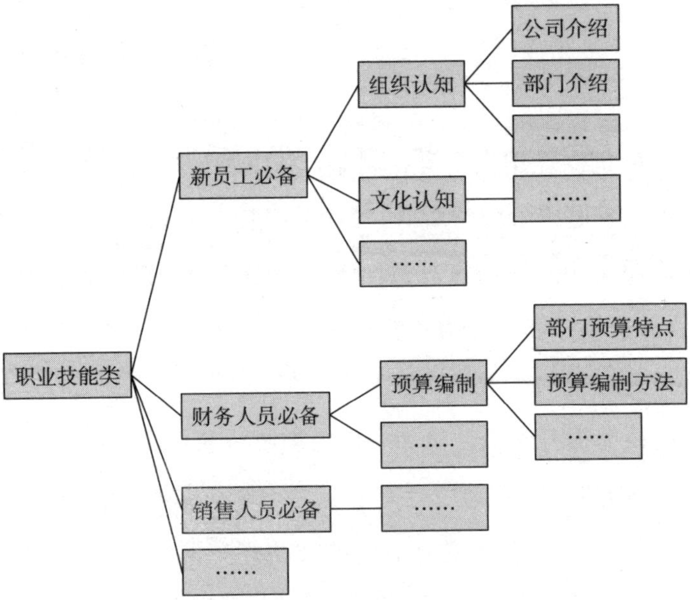

图 11–2　职业技能类课程分类举例

在职业技能类中，我们可以按照不同的专业或岗位类别将课程分为“新员工必备”“财务人员必备”和“销售人员必备”等模块。在“新员工必备”中，通用能力主要表现在“组织认知”和“文化认知”等方面。而要想提升“组织认知”能力，就必须学习“公司介绍”和“部门介绍”等技能提升课程。同理，在“财务人员必备”中，通用能力主要表现在“预算编制”等方面。而要想提升“预算编制”能力，就必须学习“部门预算特点”和“预算编制方法”等技能提升课程。职业技能类主要解决的是岗位应知应会的问题，所以大部分的课程都是由自己开发的内部课程。

最后看专业技术类课程，参见图 11–3。

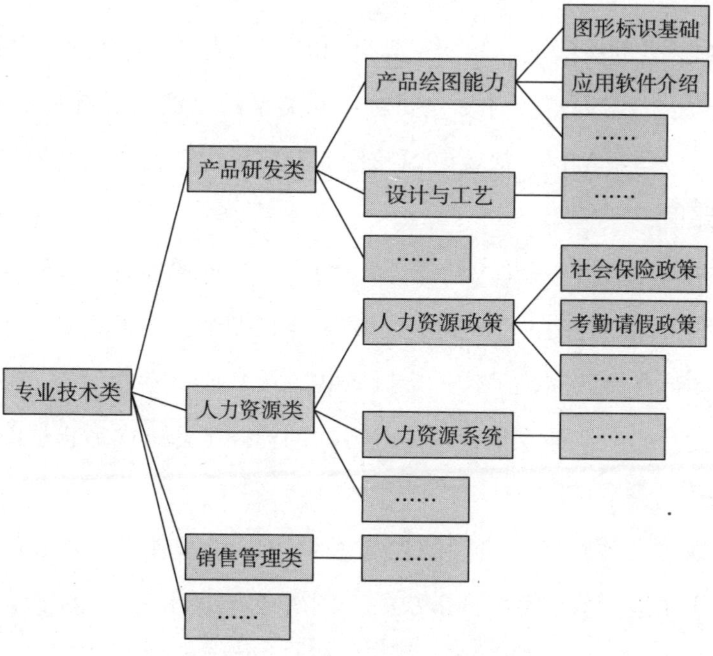

图 11–3　专业技术类课程分类举例

在专业技术类中，主要解决的是各岗位工作技能提升的问题，所以大部分的课程也都是自己开发的内部课程。我们可以按照不同的专业将课程分为“产品研发类”“人力资源类”和“销售管理类”等模块。在“产品研发类”中，通用能力主要表现在“产品绘图技能”和“设计与工艺”等方面。而要想提升“产品绘图能力”，需要学习“图形标识基础”和“应用软件介绍”等技能提升课程。同理，在“人力资源类”中，通用能力主要表现在“人力资源政策”和“人力资源系统”等方面。而要想提升“人力资源政策”这个能力，需要学习“社会保险政策”和“考勤请假政策”等技能提升课程。

以上讲述是以课程为中心，按照课程维度来谈如何分类，下一节我们将以学员为中心，讲述如何为他们配置相应的课程。

11.2.2 按需配课，统一管理

为了更高效地将线上、线下课程组织起来，最大限度地发挥它们的作用，在学习平台上，培训管理者首先要对不同类型的培训项目有一个总体规划。一般分为自主学习项目、常规培训项目和专项培训项目。三类项目都包含线上和线下课程。

在自主学习项目中，如上节所讲，当员工选择课程时，首先要确定自己需要提升哪方面的能力。是通用的（通常与在哪个公司无关）？还是岗位应知应会的（与自己的岗位工作标准紧密相关）？或是专业上的（需要在现有技术上有提升的）？抑或是管理提升方面的？确定好方向后再去对应的类别里选择课程。

在常规培训项目中，培训的发起者是培训管理者或者是部门培训对接人。他们往往是为了在短期内解决一个问题或是学习一个技能而发起一个培训。他们会在平台或平台 APP 上公示即将开设的线上或线下课程，学员可在平台或平台 APP 上实现自主报名，报名成功后，就可以进行相应线上或线下课程的学习。

专项培训项目与常规培训项目的主要区别有两点。一是针对的培训对象相对聚焦，如针对所有新员工或针对所有部门管理者；二是培训时间相对较

长，不会是一次培训就结束，通常需要持续数周甚至数月的时间。此时，培训组织者就需要借助学习平台的线上线下统一课程管理功能，把线上的电子化课程和线下的面授课程按照不同时间阶段进行组合设置。这里的电子化课程既包含外购的电子化课程，也包含内部自己录制的视频课程；面授课程既包括自己开发的内训课程，也包括从外面聘请讲师的外聘课程。对于配置课程，下面我们列举常用的两种方法。

1. 当学员不是来自同一个部门时，培训组织者首先需要按照培训项目要求把线上线下课程划分到不同的学习阶段中。课程内容的设置由浅到深。在每个阶段中，将内容相关联的线上线下课程进行前后配置，让学员在线下面授课程学习前先通过线上课程自学了解些基本概念，在线下面授时讲师就可以多些互动和实际案例的讲解。比如，要求学员在参加《团队建设与沟通》这门线下面授课程前，必须先自学完成《何为团队建设》和《如何有效沟通》等线上课程。由于课程前后之间是有联系的，学员必须严格按照各阶段的进度要求来学习课程。培训组织者可以通过学习平台查看在各个阶段有哪些学员没有完成课程学习，有哪些学员考试成绩比较好，并在公司网站和平台上定期公示这些成绩，督促学员在剩下的阶段更好地学习。

2. 当学员来自同一个部门时，部门培训对接人可以按照岗位的不同来设置课程，并在平台中与岗位进行链接。当学员登录自己的学习平台时，就可以看到培训组织者专门为自己这个岗位定制的所有课程，并能看到每个课程要求完成的时间。而且每个岗位的负责人都可以定期在后台查看他下属的学习情况，对于学习成绩不好的员工，及时进行有针对性的辅导。

总之，通过对线上线下课程的统一管理，既可以让学员的学习过程变得更加有序、有效，同时也可以帮助学员的管理者及时了解学员的学习动态，以便提供相应的辅导。

11.3 数据分析：数据会告诉你一切

使用学习平台不仅是为了提升培训管理效率，其实，学习平台也是培训大数据的载体。所有与培训相关的数据，如课程、讲师、学员、供应商、培训预算、审批流等都可以从平台获得。这些数据可以帮助培训管理者制定新的学习发展规划，同时也可以让公司高层在选人、用人时加以参考。

11.3.1 与公司系统做对接

很多公司的学习平台都是外购的，平台的数据库自然也是独立的。如果不能解决学习平台数据库与公司人员管理数据库对接的问题，将来一定会带来很多不便。比如，我们每次在学习平台中选取学员信息时，学员的所属单位是确定的。但是当该员工发生内部调动时，平台里的学员信息如果无法自动完成更新，要靠手动去更新，那么及时性和准确性都是大问题。再比如我们录入一门新课程时，通常要注明是哪个部门开发的，但如果公司的部门名称发生了改变，平台里的课程信息无法自动更新，这样导出的数据还要靠人工去调整，显得非常麻烦。还有很多涉及人员归属和部门变动的情况都会遇到类似的问题。这些实例说明不能让学习平台成为信息孤岛，学习平台应该与公司人员的管理数据库相连接，并保持数据每天最少同步更新一次，确保人员和部门信息的正确性。

一旦学习平台与公司的人员管理数据库相连接，培训管理者就可以方便地通过学习平台对不同人员的操作进行权限设置来提升培训管理效率。

对不同层级的学员进行学习权限的设置：学习平台上的每一门课程都可以根据需要对不同的学员开放或者关闭，这样就可以实现不同层级的学员按需学习的目的。另外，对于课程资料的上传、查看、下载，也可以实现按不同层级学员分层管理的效果，有的学员只能在线查看但无法下载，有的学员既能在线查看也可以下载，甚至还可以赋予上传课程的权限。

对不同层级的管理者进行报表权限的设置：培训管理者可以在学习平台上为每一位部门管理者或更高层级的管理者设置随时查看其下属培训记录和培训学习情况的权限，方便管理者管理员工。

对不同的培训对接人进行模块操作权限的设置：为了让培训工作更加贴近学员的需求，一般公司的培训管理部门会在各个业务或职能部门培养一个培训对接人。通过在学习平台上赋予培训对接人一些权限，如录入学员上课信息、录入课程认证信息等，使他们能够更好地为所在业务或职能部门提供及时、灵活的培训服务。如果公司是多元化经营，集团培训管理部门下面会有各个多元化公司的培训对接人。只要各多元化公司的人员信息是在集团统一管理下，集团培训管理部门就可以在学习平台上给各多元化公司的培训对接人开设更多的操作权限，便于他们开展独立的培训工作。

此外，从数据安全的角度来看，也要求学习平台与公司培训管理系统进行定期数据回写对接。因为如果把数据都存放在学习平台上，那么所有的培训课程信息、讲师信息和学员信息都将存放在公共网络上，一旦数据泄露或信息被修改，不仅会给培训业务带来致命的影响，更重要的是，公司的信息安全工作也将面临极大的挑战。将学习平台上的所有数据定期回写到公司内部的培训管理系统数据库中，既可以保证数据不被泄露，也可以确保数据的安全。

11.3.2　按照不同维度透视

对于培训管理者来说，培训数据是非常重要的，它不仅可以反映培训工作的阶段性成果，同时，也是公司领导了解学员培训经历的重要渠道。有些公司的培训数据还存储在一个个 Excel 表中，如果数据量小还可以，但当数据量不断增加时，Excel 表一定会慢慢地变得不堪重负，而且培训管理者同时管理多个 Excel 表的难度也会不断增加，很难实现多个表中的信息交叉查询、综合分析等功能。但如果我们把数据输入到学习平台中，用数据库来管理，由于数据是按一个个独立的字段输入到数据库中的，所以在提取数据时，可以对不同字段的数据任意进行组合，按照不同维度生成不同的报表，然后再进行透视分析，生成各种管理报表。下面从四个维度进行数据分析。

按课程维度：可以将课程类别、课程名称、是否认证、课程开发部门、开发时间等字段提取出来，分析出一定时间内，比如每季度、每半年、每年的课程开发总数、认证 / 非认证课程总数、哪个部门开发课程最多和哪个类别的课程开发数量最多，等等。从以上信息可以总结出课程开发的现状和认证情况，为下一步课程开发方向提供数据支持。

按讲师维度：可以将讲师姓名、讲师所在部门、开课日期、课程名称、课程类别、课程时长、反馈分数、讲师认证时间等字段提取出来，分析出一定时间内谁的授课次数最多；在不同类别的课程里，如职业技能类、专业技术类或是管理提升类，谁授课次数最多；一定时间内哪个讲师的平均反馈分最高和最低；同一个课程，哪个讲师的反馈分最高；哪个部门认证的内训师最多；等等。从以上信息可以总结出内训师的认证情况和授课情况，从而根据差异进行认证内训师数量的调整，并给予内训师更多的授课支持。

按学员维度：可以将学员姓名、所在部门、课程名称、课程类别、开课日期、课程时长、讲师姓名等字段提取出来，分析出一定时间内每个学员的学习情况，包括上了多少门课、所上课程的类别、听课时长，这些数据可以对公司的业务或职能部门负责人开放查看权限，便于管理者分析自己部门某个员工的学习情况，检查他的学习方向是否正确，学习效果是否明显，等等。公司高管也会在人才提拔前看到这些数据，结合员工的过往培训经历，把它作为综合考虑该员工是否获得晋升的其中一项内容。

按部门维度：从上述三个维度中都可以分析出各部门开发了多少门课程，推荐并认证了多少名内训师，每个部门内训师的授课情况，每个部门员工的学习情况，从而可以看出不同部门对培训工作的支持程度，也为培训管理者下一步需重点支持哪个部门的培训工作提供信息支持。

另外，以上分析出来的数据信息，也可直接用于每年9月的教师节评选活动，评选出最佳桃李奖（优秀讲师）、最佳课程设计奖、优秀学员奖、最佳学习组织奖（部门奖）等。

老HRD的智慧

学习平台是确保培训工作顺利开展的基础。它既包含了所有线上、线下的课程架构，也包含了所有学员参加培训的信息，而更多的还是一个公司培训管理理念的体现。对于学习平台的选择，一定要结合企业实际的需要，以方便员工查找课程、方便培训管理者或培训对接人设置课程、方便所有培训数据的导出为出发点来构架学习平台。同时，学习平台要与公司的培训管理系统进行对接，做好学员信息和学习数据的定期维护，并根据不同需求进行数据透视分析。

第十二章

录播/微课

——内训分享知识沉淀的法宝

本章导读

尽管互联网上有很多课程，也有很多专业课程提供商提供的电子课程可供选择，但都不能百分百地满足企业培训的需求。要想解决这个问题，最终还是要靠内训课程开发。内训课程开发好之后，需要解决如何快速有效传递给学员的问题。我们目前采取的主要方式是面授。但是在实施的过程中，学员由于工作原因，不可能每次百分百地参加已安排的课程，而内训师的资源也十分有限，不可能因为几个缺课学员再讲一次。这时培训管理者借助录播和微课的方式形成视频课程，让缺课的学员自行学习即可。本章将从录播 / 微课的录播功能、灵活运用和整理分类三方面来分别讨论。

随着培训内容更新速度的加快，以及内训师面授时间的有限性，录播视频和微课会越来越多地被培训管理者采纳使用。只要先明确好目标学员的需求和录播 / 微课要达到的目的，然后提前做好充分的录播准备，录制完成后及时进行剪辑，并有效命名和分类放置管理，相信录播视频和微课这两种形式的课程一定能对培训实施起到积极的促进和推动作用。

12.1　录播功能：关注带来何种价值

在本小节，我们先了解一下录播系统和微课的应用场景，它们各自具有哪些功能以及能给我们带来哪些价值。

12.1.1　录播系统功能概览

简单地讲，录播系统就是把讲师的授课过程拍摄下来，放在学习平台上供学员自行学习。录播系统是指能将课堂现场的视频信号（内训师授课过程）、音频信号（现场内训师和学员的声音）和 VGA 信号（PPT 内容）进行同步整合录制，生成标准化的流媒体文件（如 MP4，MPG，WMV 格式），并支持后期编辑和存储的一体化设备系统。录播系统需要单独购买。目前，市场上有很多录播系统可供选择，价格从几万元到几十万元不等，主要取决于录制功能的复杂程度和采用的不同的录制技术手段。

简单地讲，录播系统的硬件主要由摄像头、采音器和录播主机构成，再加上一套基于 web 的操作界面。录播系统的操作非常简单，无须安装额外的软件，管理者只需通过网络远程登录一个网址，输入用户名和密码，就可进入操作界面实现远程操作。在录播过程中，也无须专业的导播控制台，通过操作界面即可完成控制。

录播系统有不同的录播方式，一般有手动、自动和半自动三种控制方式。手动方式：如果我们希望在录制过程中，给内训师、PPT 或是学员一些特写时，可以选择手动方式。此时录制的角度、范围和远近都由录制者临时调整。自动方式：有的内训师的培训方式变换比较频繁，比如，一会儿用

PPT，一会儿用板书，一会儿讲，一会儿又做小组讨论。这时如果我们需要及时抓取到相应内容，就可以选择自动控制方式，录播系统可以根据授课现场发言人的变化及时智能切换录制内容。比如，默认录制画面为内训师在讲台前的全景，当内训师来回走动时，摄像头可以跟随内训师进行录制；当内训师在白板上书写内容时，摄像头会自动切换至白板上；当学员回答问题时，摄像头会切换至学员，给特写；当各个小组讨论时，摄像头又可以切换至全员全景。但选择自动方式时，一般要求在内训师授课用的电脑上安装一个小插件才可以实现。半自动方式：半自动方式是介于手动和自动之间的一种方式，当选择半自动方式时，系统会根据操作者对系统的反应时间间隔来决定进入手动方式还是自动方式。比如，系统设定的反应间隔时间是 3 分钟，如果连续 3 分钟之内，操作者对系统没有进行任何操作干预，则系统自动进入自动方式，一旦操作者对系统进行操作，系统马上会切回到手动方式。

录播系统可以实现同步直播功能。当有一个重要的培训要同时对本地和异地的学员进行实时讲解时，这个功能就非常实用。过去受宽带的影响，画面和声音时断时续。现在通过日趋成熟的流媒体技术和高速宽带，图像声音传输的延迟率已大大降低，异地学员既可以通过 PC 端的浏览器也可以通过手机端的 APP 进行同步观看。

录播系统还具有视频会议的功能。只要在不同的会议室都配备了相应的摄像头，同时远程登录控制台就可以召开视频会议，而且可以在不同的会议室之间进行画面的切换。

录播系统的操作虽然不复杂，但在实操中，由于是不同部门共用一个录播系统，考虑到数据的安全性，一般需要由培训管理者指定专人进行录播操作，或是由每个部门指定的培训对接人进行操作。为了规范使用流程，培训管理部门应出台相应的录播系统操作手册及录播系统使用管理规定。

12.1.2 微课与录播的区别

微课是一种更加灵活的制作视频课程的方法。内训师借助自己的电脑或者手机就可以完成微课的制作。现在为什么微课的应用越来越广泛？这是因为随着企业内部、外部竞争压力加剧，每个人工作的内容会时常发生调整，工作节奏也越来越快，很多知识都需要在短时间内快速让广大学员进行学习，在这种情况下，即便培养出内训师，内训师可能也没有足够的时间对很多人做培训。即便有时间做培训，不同的内训师授课，也不能保证每次培训质量都是相同的，况且课程的内容还会时常发生改变。这时选择制作微课就是一种投入产出比最高的方式。微课的课程内容具有小、轻、新等特点。

小：文件非常小，使学员可以快速下载并便于携带和转发。

轻：每次课程讲解的内容并不是很多，简单实用，直奔主题，而且图像和声音同步，更符合“学习科学”这一前沿学科中提到的双通道学习理念。与单纯地听（单通道）是不一样的，双通道学习更便于学员快速理解。

新：课程内容更新的速度往往较快，一个课程的生命周期通常不超过半年。

区别于录播课程的是，录播系统生成的视频课程，大多数适用于众多学员的学习，学员在学习的过程中，如同内训师给大班上课一样，而微课学习给学员的感觉则更加偏向一对一教学的体验。

从学员的角度来看，如果学员感受到的是一对一的授课方式，会大大地激起他的学习兴趣。这就要求内训师在制作微课的过程中，对学员的称呼要有所不同，不能用“你们”，而要用“你”；不能用“大家”，而要用“我们”。录制微课时有两个要点：主题选择和结构清晰。一般微课都不超过 10 分钟，5 到 8 分钟较为适合。所以，选择的主题一定要清晰、明确，切忌引入一个很宽泛的主题。对于比较复杂的主题，可以通过系列微课来实现。此外，由于时间较短，课程结构一定要简单，最好用一条课程主线贯穿下来，如果需要通过多条主线来描述，一定要配一张插图来说明。

制作一个微课通常采用三种方式：录屏、拍摄、微课制作软件。录屏：很多涉及软件操作过程的课程，如果采取截图或者截屏制作 PPT 的方式，对于学员来讲，理解起来会很困难。如果采用录屏的方式，效果会大大不同，操作者可以边操作边进行说明，在单位时间里所传达的信息量远比 PPT 上的内容要多，而且学员学习起来感觉非常连贯。拍摄：这里是指用手机进行拍摄。当内训师想描述一个复杂的场景时，不如拿出手机，一拍了之，而且还可以边拍摄边加入讲解。微课制作软件：实际上就是一些能够简单合成图片、视频或语音的小软件，内训师只要先选出几张图片或拍几张照片，或添加一些小视频，将图片、照片或小视频排好顺序，再加入语音讲解，合成即可。

总之，请内训师集中精力、花时间精心制作一门微课，通过公司内部网络让学员随时随地学习，这种方式会被越来越多的培训管理者所采用。

12.2 灵活运用：先定目的，再做准备

无论是采用录播还是制作微课，都是为了让学员有更多的选择来学习各种课程。在制作前，一定要先考虑希望为学员带来何种学习效果，是否符合他们的学习习惯，然后我们再选择不同的制作方式。

12.2.1 目的不同，形式不同

对于一个面授课程，我们有四种录制方式可以选择：三分屏、录像分段剪辑、微课和现场直播。

1. 三分屏：当课程的 PPT 内容较多，并且我们希望学员同时看到内训师

的视频和 PPT 内容时，我们通常会采用三分屏的制作方式。三分屏就是将内训师的讲解过程、PPT 的内容以及 PPT 的目录结构同时以三个分开的屏幕呈现给学员的一种课程形式。我们在百度上可以找到大量的三分屏演示界面。学员在观看三分屏视频时，只需要打开一个文件链接，就可以在手机或电脑上观看。在观看的过程中，学员根据自己的需要，既可以按照课程的正常顺序，听内训师从头讲到尾，也可以在 PPT 的目录结构上随意选择自己希望学习的章节，点击后内训师的讲解内容会自动跳转过去。在观看的过程中，有一个主屏为主要展示窗口，尺寸较大，其他两个辅屏窗口尺寸较小。学员可以在内训师授课视频和 PPT 内容之间进行切换，随时调整主屏幕呈现的内容。三分屏可以实现学员的按需学习，有助于提高学习效率。三分屏以其方便学习、随时可在视频及课程内容之间切换的优势，深受广大学员的喜爱，美中不足之处就是课程录制和制作比较麻烦，而且要求内训师在讲解时，一定要按照 PPT 的顺序进行讲解。讲解后，视频制作者再将内训师讲的每一页内容的视频与对应的 PPT 进行链接处理才能生成一个三分屏课程。

2. 录像分段剪辑：如果课程以内训师讲解为主，内容较多，而且内训师讲解的过程与 PPT 内容并不完全对应，有的甚至不需要 PPT，我们就可以采取录像分段剪辑的方式。如果不分段剪辑，录制完成后，对于一个完整的视频文件，一是文件会非常大，不便于下载和转发；二是学员在观看时也比较费劲，虽然可以利用播放器上的快进、快退功能，但往往掌握不好课程内容的时间节点，需要反复寻找具体的播放位置，耽误时间。对于超过半小时的视频，我们一般都会进行分段剪辑。视频制作者先将内训师的授课过程连同声音和 PPT 完整地录制下来，生成一个大的视频文件，再借助格式工厂、会声会影等软件将一个大的视频分割成若干个半小时左右的小视频，并且给每个小视频单独起一个文件名，便于学员分别查找学习。

3. 微课：当我们需要讲解一个比较小而具体的内容时，我们可以采用录制微课的方式。我们在上一节已经介绍过微课的特点，它具有主题鲜明、文件较小、成本小、时效高、速度快等特点，深受年轻人的喜爱。学员看完微课以后，可以在评论处点赞或点踩，课程开发者也可以随时看到学员对微课的评价。

4. 现场直播：我们还可以采用现场直播的方式，用于实时转播内训师的授课全过程。随着互联网技术的发展以及 5G 网络的覆盖，现场直播不再受技术的限制。现场直播通常适用于对时效性要求高且学员分散在不同地点的情况。边直播边将视频文件存储下来，可支持即时回放功能，而且直播结束后，学员后期根据需要随时查看也是可以的。

12.2.2　制作要做充分准备

在做课程录制时，很多培训管理者都非常关注录制的内容。其实从学员的感受来看，内容并不是影响学员观看效果的首要因素，他们在观看录制内容过程中的感受才是最主要的。这就要求我们一定要以学员为中心，提前做好充分的准备。培训管理者要从学员的角度考虑采用何种形式进行录制，当然也要考虑内训师在录制时的一些准备条件是否具备，以及录播环境的布置，等等，以确保学员在观看的过程中有最好的体验。

首先，我们要从学员的角度来考虑以下几个问题。我们希望学员针对这个主题能够学习到哪些知识点，有哪些知识点是必须要学会的；我们希望学员什么时候学习这个主题，学员一般会在什么时候学习这个主题，以及学员可能在什么场景下学习？然后我们根据对上面情况的了解来决定采用哪种录播形式。

其次，内训师作为整个“演出”的主角，起着非常关键的作用。内训师不是只把课程内容讲完就完了，好的内训师需要从骨子里认同以学员为中心的理念。这样，在讲解的过程中，他才会时刻关注学员的感受。他会换位思考，假如他是学员，他希望听到什么内容。培训管理者在确定好录制方式后，需要和内训师做深入的沟通，包括了解内训师的授课风格、授课方式和语音语调，了解内训师的授课内容与讲义之间的匹配程度，以及在授课过程中是否需要使用额外的教学用具，如白板、案例等。

最后，需要检查录播环境的布置。通常我们会考虑以下几点。录播设备：是用专业录播设备还是用一般的 DV 录像机，有时还需要用手机来协助录制一小段操作视频。录播机位：要特别留意录播设备位置的选择。一个好的机位对录制的效果会起很大的促进作用。为了确保最终的效果，一般要提前用录播设备进行一段试录制，来校对录播设备的机位及其他设置的调整。录播场所：录播场所不宜过大，否则容易形成回音。同时要确认录播场所周围有无声音干扰源，如会议室、临街的公共道路等，如果室内的隔音效果不好，外部的声音就会干扰录制效果。灯光设置：有些内训师在授课过程中需要播放一段视频，为了看得更清晰，这时应该关掉屏幕前面的灯光，这就对灯光的开关设置有一定的要求。目前，有很多教室的灯光虽然可以实现分片关闭，但关闭的顺序无法满足从前到后的要求，有的是从左到右或是从右到左。另外，对于有窗户的教室要配有遮光窗帘，以避免强光的射入。投影的清晰度：有的投影仪用了很多年，投出的亮度明显变暗，影响录制的清晰度。有的老式投影仪本身清晰度就不高，如果在测试阶段，就发现录制出的内容不清晰，则建议马上更换。其他：内训师在录制时一定要使用麦克风等扩音设备。要考虑室内空调开启时，是否有噪音的干扰等情况。总之，一定不打无准备之仗。

12.3　整理分类：及时剪辑，便于查找

在录播设备上录制的课程，如果不及时清理，会越来越多。培训管理者应该通过建立相应的管理规定来确保录制的课程能够得到及时的处理，并且通过有规律的命名规则便于今后快速查找。

12.3.1 趁热打铁，效率最高

很多公司在录制完教学视频后，不做任何裁剪，直接拿来就用，这是非常不负责任的做法。因为在录制过程中，有些空场等待的画面以及有些与课程内容无关的画面可能在录制时都会收录进来，如果不进行裁剪，会耽误后期通过视频学习的学员的大量时间。剪辑后的视频每精简 1 分钟，如果后期按 30 个学员来学习这个视频的话，就是节省了 30 分钟，以此类推，其时间效益是非常可观的。有些公司虽然有计划要裁剪视频，但因为工作忙没有及时裁剪，等过了一段时间后，再派人对视频进行剪辑，往往是事倍功半。因为间隔时间较久，视频制作者需要把录制的视频从头到尾再观看一遍，而且如果制作者对内容的专业性了解不够，剪辑后的内容质量也会受到很大的影响。

效率最高的做法是趁热打铁。在准备录播前就要明确谁来负责剪辑录播后的视频，而且要求这个人在录制开始前就要对录播设备的操作非常熟悉。有些录播设备支持不同的取景方式设置，比如，可以设置成主要录制内训师和 PPT 的方式，也可以设置成主要录制内训师和学员的画面，不录制 PPT，这个取景方式对录制主题研讨非常有用，制作者可以根据自己的需要事先进行取景方式的设置。

在录播的过程当中，为了避免后期对视频做大量的剪辑，可以对一些不重要的场景，如课间休息、各小组自由讨论等环节及时使用暂停功能，等这个环节结束后，再开启录制功能。这样录制结束后，生成的视频文件容量会小很多，在电脑上剪辑处理的速度也会快很多，可节省大量的裁剪工作时间。制作者最后只需要将关注的重点放在内容章节的分割上，对其他内容进行微裁剪即可。考虑到有些视频将来可能会在开放的公共场合播放，这样无论在录制时内训师音量有多大、吐字有多清晰，还是会影响收看效果。这时就应

该给视频配上相应的字幕，即便在嘈杂的环境下观看，也可以让人一目了然。有时为了让视频的整体视觉效果更加突出，还可以在视频的开始和结束位置增加片头和片尾的设计，并配上相关的背景音乐，好的背景音乐的添加会使整个视频的收看效果大大加强，这些都是后期制作者需要花时间重点投入去制作的。

由于录播系统是公司各个部门共用的，所以要求使用录播系统的人员在录制开始前一定要先设定一个文件名，避免因不同部门的人员下载不及时而导致无法快速找到所需要的文件。我们经常看到很多公司的视频录制完成后，录播人员没有把原文件及时下载到本地计算机进行编辑，导致录播服务器上的文件越积越多，最后想找哪个文件根本就找不到。培训管理者一定要建立相应的管理规定，要求不同部门的录播人员在录制完视频后，务必将视频原文件，从录播服务器上下载并删除，以节省录播服务器里的空间。

12.3.2 有效命名，分类存放

当录制的视频和制作的微课越来越多时，我们需要对它们进行有效命名，以便快速识别它们。现在有很多命名规则过于复杂，一味地追求添加关键字，而把文件名起得很长，其实这是一个误区。命名是为了让使用者查找更加方便，只要能达到这个目的，文件名应该是越短越好。而且考虑到所有的课程将来都可以在学习平台上使用，所以课程编号的添加是必不可少的。那识别一个视频课程都应该包含哪些信息呢？主要包括：体现视频内容的关键字、课程类别、课程编号、获得认证时间（任何一个课程都需要经过认证后方可使用）、内容时长、开发（制作）部门和开发（制作）者等信息。这么多信息要想都放在文件名中显然是不可能的。

前面我们讲过课程分类，包括通用素质类、职业技能类、专业技术类、管理提升类和专题项目类。对于录制好的视频或微课，要想把它们有效地管

理起来，首先必须将其纳入课程体系来进行管理。在首次录入视频课程信息时，就必须按照表 12–1 的要求输入上述所有课程信息，换句话说，完整地表达一个课程（文件）信息，不是靠它的文件名称，而是靠保存它的课程体系中的各个字段标识信息。文件名本身只要能够体现课程内容的关键字就行了。

表 12–1 记录了在不同课程类别中，来自不同开发部门的不同课程（文件）名称。第一列填写“课程类别”。第二列填写“课程编号”，编号的前 4 位代表来自不同的公司（假设这是一家多元化经营的企业），用英文字母缩写代表；编号的第 5 位、第 6 位代表课程类别的简写，如通用素质类用“TS”表示，职业技能类用“ZJ”表示；编号的第 7 位到第 14 位代表课程获得认证的日期；编号的最后 2 位是当天获得课程认证的顺序编号，如“办公邮件系统操作指南（录）”这门录播课程是 2019 年 5 月 6 日认证的职业技能类的第 5 门课程。第三列填写“课程（文件）名称”，为了区别是录播、微课还是三分屏，可以在课程名称的最后加入“（录）”“（微）”或“（三）”加以区分。第四列填写“开发部门名称”。第五列到第七列分别填写“课程认证日期”“课程时长”和“开发人员姓名”。

相比文件的命名，分类存放其实更重要。因为有时学员会忘记文件的关键字，或自己认为的关键字与当时命名的关键字有所不同。这时如果文件的分类存放非常有规律，学员同样能够快速找到这个文件。

老 HRD 的智慧

随着培训内容更新速度的加快，以及内训师面授时间的有限性，录播视频和微课会越来越多地被培训管理者采纳使用。只要先明确好目标学员的需求和录播 / 微课要达到的目的，然后提前做好充分的录播准备，录制完成后及时进行剪辑，并有效命名和分类放置管理，相信录播视频和微课这两种形式的课程一定能对培训实施起到积极的促进和推动作用。

表 12-1　文件命名规则

课程类别	课程编号	课程（文件）名称	开发部门名称	课程认证日期	课程时长（小时）	开发人员姓名
职业技能类	****–ZJ2019050603	公司介绍	人力资源部	2019 年 5 月 6 日	1	XX
职业技能类	****–ZJ2019050604	部门介绍	人力资源部	2019 年 5 月 6 日	2	XX
职业技能类	****–ZJ2019050605	办公邮件系统操作指南（录）	信息中心	2019 年 5 月 6 日	0.5	XX
通用素质类	****–TS2019100811	何为沟通	A 供应商	2019 年 10 月 8 日	0.2	XX
通用素质类	****–TS2019100812	运用肢体语言	A 供应商	2019 年 10 月 8 日	0.1	XX
通用素质类	****–TS2019100813	如何远程登录自己的 PC（微）	信息中心	2019 年 10 月 8 日	0.1	XX
专业技术类	****–ZY2019030407	图形标识基础	设计中心	2019 年 3 月 4 日	1.5	XX
专业技术类	****–ZY2019030408	应用软件介绍	设计中心	2019 年 3 月 4 日	1.5	XX
专业技术类	****–ZY2019030409	3D 制图操作（三）	设计中心	2019 年 3 月 4 日	0.45	XX

第五部分
顺势——借我一双慧眼看清培训的未来

无论培训未来怎么发展，培训始终都离不开培训目标、培训讲师、培训学员、培训内容和培训形式这些要素。未来的培训目标，从学员的角度看，将从被动安排向主动获得转变。学员的参训形式，也将从以参加有组织的培训为主向自主学习为主转变。而实现学员自主学习的基础，就是培训内容要足够丰富、培训形式要足够多样且培训组织要在架构上足够灵活。本部分将围绕内容的模块化、形式的多样化和组织的网络化来逐一阐述。

第十三章

内容模块

——模块化培训内容将成主流

本章导读

在工业化领域，随着客户对产品定制化的需求越来越多，平台化和模块化的产品设计越来越受到推崇。在培训领域，也面临着同样的需求。一方面是越来越多的学员需求，另一方面是海量的课程内容需求。如何在未来满足学员自身对课程内容定制化的需求，就需要对培训内容进行模块化细分，这样的思路将越来越被培训管理者所接受。

对培训内容进行模块化的管理和开发，不仅能满足培训学员的定制化培训需求，也能满足课程开发者进行快速知识沉淀的需求。随着内容模块化的深入开展，培训内容将更加体现出实战、实效、实用的特点。同时，公司的培训体系也将更完善。对于培训管理者来讲，也能根据模块化的内容，快速、高质地组合生成更多满足学员需求的课程。

13.1 模块思维：如何在培训中落地

模块的概念早在20世纪初的建筑行业中就被提出来了。但直到今天，模块化装配在中国的建筑行业才刚刚开始。由此可见，模块化思想的应用在一个行业里推行的难度不小。但是，今天互联网技术的发展加速了模块化思想在知识应用领域的推广和应用。

13.1.1 模块化为何成趋势

人们之所以越来越重视课程内容的模块化，是因为学员的需求、课程的管理和讲师的能力正在发生变化。我们首先来看学员需求的变化。

随着工作节奏的加快，学员对培训的需求越来越多，对培训的要求也越来越高，主要表现为他们希望在最短的时间内找到他们最需要了解的内容。所以，内容必须要能快速被搜索到。一般在企业内部，培训管理者会把培训教材放在学习平台或内部一个公用的服务器上，便于学员及时搜索需要的内容。学员一般会用关键字来搜索，如果搜索出来的关键字对应的教材内容能够解答学员的问题，这个搜索就是高效的。那么会出现一个问题，“关键字”是学员自己想出来的，还是应该让学员必须掌握的呢？在企业内部做培训我们要不忘初心！培训的目的就是提升员工在其工作岗位上的能力，并促使其行为上的转变，从而带来绩效的提升。所谓的“关键字”应该是能够反映每个岗位要求员工需要掌握的能力或技能才对。这就需要我们在平时把课程内容要按照能力甚至是技能进行模块化细分。

随着内训课程的开发数量越来越多，对课程内容的有效管理也变得越来越紧迫。如果不做内容规划，很有可能出现内容重复开发或开发内容泛泛而谈不够深入的情况。比如，不同的部门在编写自己的课程时，可能都会涉及对某个系统平台软件的应用，但每个部门对该软件应用的描述都不尽相同，都不够全面。如果有一个专门针对该软件应用的较完整的模块化课程，那么不同部门直接拿来引用即可，这样可以大大地提高课程的开发效率、缩短课程开发周期。

比如，当我们向管理者提出掌握“团队管理”相关技能这个要求时，如果没有图 13-1 右边内容的支撑，实际上这是个很模糊的概念。以往各个企业在邀请外聘讲师讲解“团队管理”时，你会发现，外聘讲师也是“八仙过海，各显神通”，讲的内容有共性但也各有特色。其实作为企业的培训管理者应该仔细思考一下，适合本企业的团队管理到底需要具备什么样的能力和什么样的技能，并把这些要求写入相应的岗位工作标准，然后比照这些能力或技能进行课程开发或外购课程。比如，我们要求团队管理必须具备“团队建设”和“团队沟通”等能力。那我们再想要具备“团队建设”这个能力，

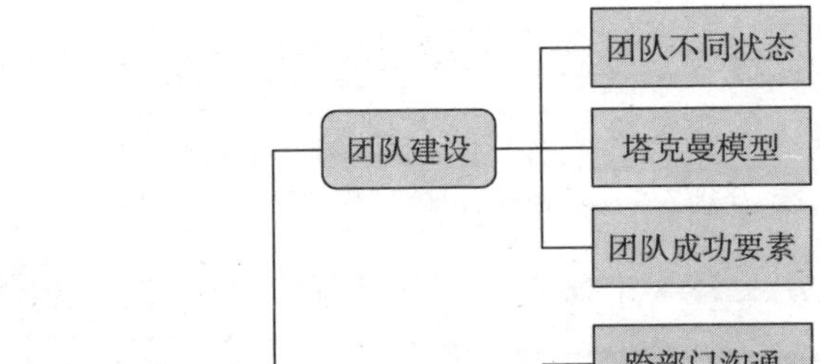

图 13-1　能力到技能的细分

必须要具备哪些技能（如“团队不同状态”“塔克曼模型”和“团队成功要素”等技能）？同理也可以分析出“团队沟通”这个能力需要“跨部门沟通”和“部门内沟通”等技能的学习。这样我们就把一个模糊的“团队管理”概念变成了一个个具有企业特色的小的模块化课程，既便于课程的模块化管理，又方便学员根据岗位工作标准中的技能要求进行关键字的搜索。所以，模块是岗位技能的载体。

此外，日益增多的培训需求与讲师的授课能力和授课数量之间的矛盾也越来越深。很多讲师的认证是基于某个具体课程的。现在学员培训需求变化的速度越来越快，这也要求对应的课程内容要进行实时调整，这就对讲师的授课能力提出更高的要求。如果我们对讲师的认证是基于模块化内容的，因为模块化内容较少、较专一，相对讲解难度不大，也容易修改，那么我们可以认证更多的讲师，这样既解决了讲师难找的问题，也解决了讲师授课能力不足的问题。

13.1.2　如何把内容模块化

通常我们在开发一个课程时，总会有这样的心理：好不容易开发一个课程，希望这个课程的结构尽可能完善，覆盖的培训对象尽可能全面。结果总是事与愿违，最终开发出一个四不像的课程，授课反馈也不理想。在企业内部开发课程，将来一定是从大而全的开发思路向小而精的开发思路转变。而模块化正好迎合了这个转变，每个模块的内容都更加聚焦且相对独立。

在以往的课程结构中，一个课程对应多个知识点，是一对多的关系。如图 13–2 所示：

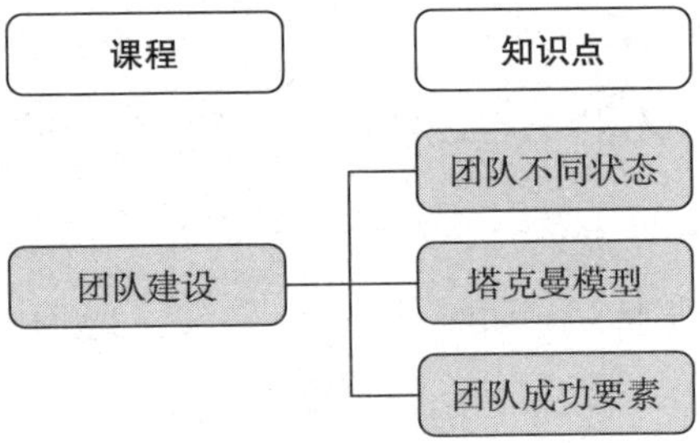

图 13–2　课程与知识点的关系

从图 13–2 可以看出，“团队建设”这门课包含了“团队不同状态”“塔克曼模型”和“团队成功要素”这三个知识点。当“团队建设”要表达的内容发生变化时，比如，团队的构成从科室人员转变为一线操作人员，那么对应的右侧三个知识点也会发生相应的变化。反之，当右侧任何一个知识点发生变化时，如“团队成功要素”的内容发生变化时，也会导致“团队建设”这门课发生变化。显然，这种课程与知识点的对应方式存在一些问题。如果我们把右侧三个知识点作为三个独立的技能课程单独放在左侧，就构成了技能与知识点的一一对应关系。参见图 13–3。

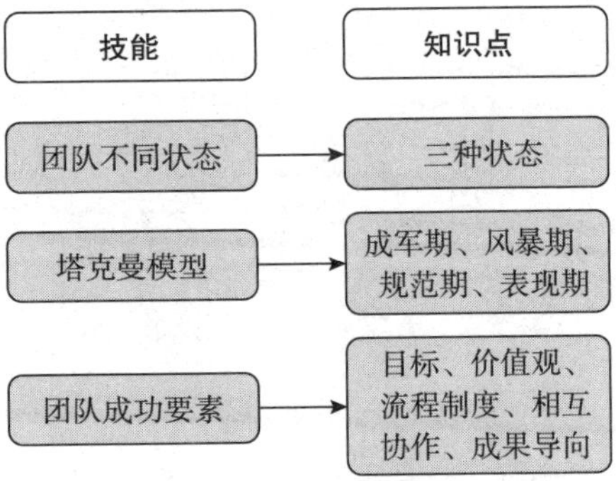

图 13–3　技能与知识点的关系

左侧任何一个技能发生变化，都不会影响其他两个技能对应的知识点。上述这个过程实际上就是如何将一个大的课程进行模块化切分的过程，切分的层次是按照能力、技能逐步细分的。实际上，每个课程都是一个技能的获得，员工的很多技能构成了他的能力，而这个能力是岗位工作标准中要求具备的。我们就按照岗位对能力的要求，能力对应技能的要求来确定最小的模块课程就行。如果单纯地追求模块化细分，对实际工作没有太大的意义。

培训管理部门必须要借助平台化的策略来将课程逐渐模块化。所谓平台化策略，就是要先搭建公司的课程管理体系架构。基于此架构由各部门按照一定的规则去开发模块化课程。我们可以按照要素和流程两种规则来进行模块化内容设计。要素比较适合于相对独立的内容，没有必然的前后因果关系和联系的内容，如管理类和技术类课程的很多技能知识点就属于单个要素，可以当作单个模块来处理；流程比较适合于部门各科室的工作流程说明内容，一个单独的流程可以作为一个模块来处理，但一个流程中的不同节点则不适合单独作为一个模块来编写。

有时课程内容最先是从要素方式开始的，后期随着内容的不断细化，逐渐梳理成按照流程来划分，这时就要做反模块化操作，将不同的模块内容进行整合。总之，内容模块化的工作是动态变化、持续改进的。

13.2　模块细分：自上而下或自下而上

在没有形成大量的、基于技能的模块化课程之前，培训管理者首先要考虑清楚，当模块化内容越来越多时，应该如何有效地管理好这些内容。培训管理者需要提前设置好课程体系架构，搭建好一个平台，在这个平台上提前说明模块化内容细分的原则。在形成模块化课程的过程中，通常有两种方式：先搭架构再丰富内容是自上而下的做法，先有内容再逐渐丰富到架构中去是自下而上的做法，本小节将着重讲解如何利用这两种做法完成基于平台的模块化内容细分。

13.2.1　万丈高楼平地起

在企业内部，课程模块化的形成一般都会经历三个阶段："百花齐放""搭建架构"和"不断优化"。

首先是"百花齐放"阶段：这个阶段是各个部门大量开发内训课程的阶段。在这个阶段先不要刻意地要求内容模块化。

其次是"搭建架构"阶段：这个阶段要自上而下地将课程体系分出层次结构来。另外，还要引入一个概念，就是课程与模块化课程的区别。参见图 13–4。

在图 13–4 中，椭圆形代表的是课程，长方形代表的是模块化课程。课程与模块化课程的最大区别就在于课程还能再细化成更多的模块化课程，而模块化课程就是企业认为的最小的课程单元了，它是一个最基本的、教会学员掌握一个技能的课程。在实际工作中，我们没有必要刻意区分课程和模块化课程，因为在学员看来都是课程，只不过是课程收益有所不同而已。但作为课程开发者来讲，要清楚自己开发的是一门针对某个具体技能的模块化课程，还是一门含有多个能力或技能的课程。

在图 13–4 的不同类别中，基本上都是按照专业类别来进行层层划分的。下面我们挑两个类别作简要分析。

首先看通用素质类。图示中列了"商务礼仪"和"沟通模块"两个专业类别。在商务礼仪下有两个课程"餐桌商务礼仪"和"办公商务礼仪"，这两个课程很显然还可以再进行细分，比如"餐桌商务礼仪"可以进一步细分为"中餐商务礼仪"和"西餐商务礼仪"。而沟通模块下的沟通能力有两个基本的技能课程，分别是"何为沟通"和"运用肢体语言"，这两门就是模块化课程。

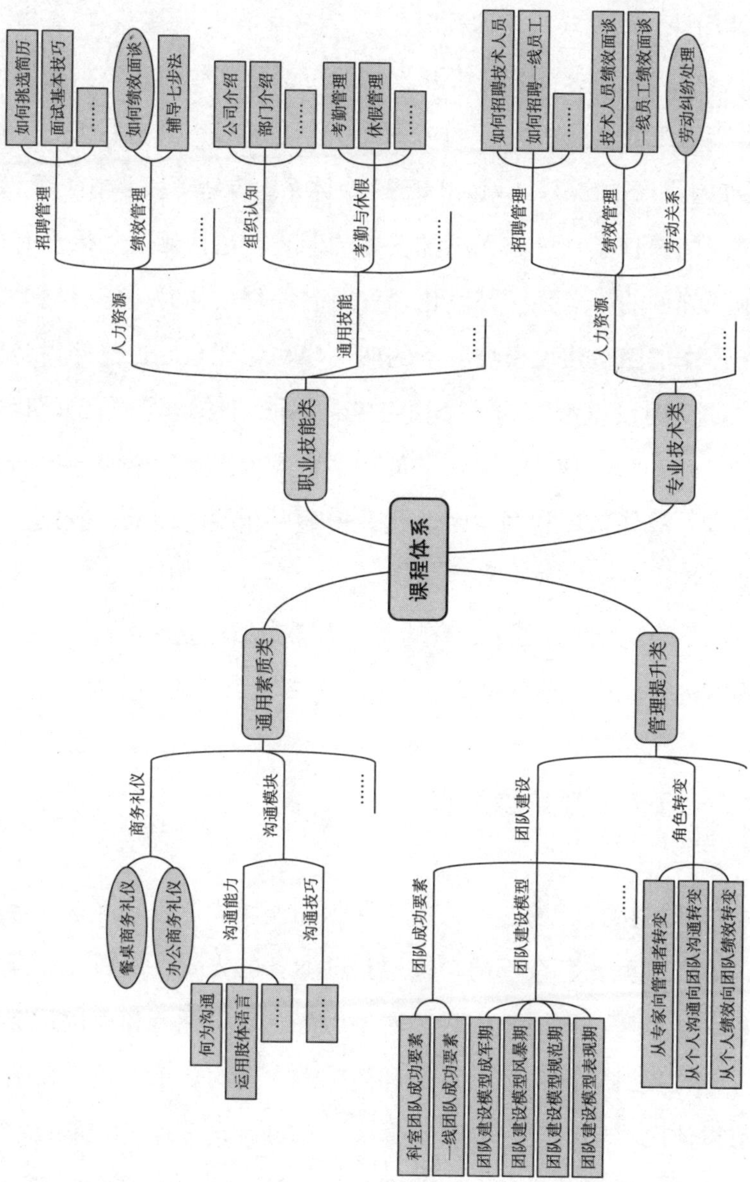

图 13-4　模块化示意图

管理提升类首先按专业维度分成了“团队建设”和“角色转变”等类别。在团队建设下又分了“团队成功要素”“团队建设模型”两大类别。我们可以把“团队成功要素”理解成“具备懂得团队成功要素的能力”。那么在这个能力之下，分别开发了两个技能课程：“科室团队成功要素”和“一线团队成功要素”，这两门课程就是模块化课程。

我们可以按照上述分类方法将开发的所有课程都放在五大类的课程类别里（详见本书第四章第一小节），并在每个类别里再按专业进行细分。这样就构架起一个自上而下的课程体系。基于这个体系，课程开发者在开发课程时，先看看在相应的课程类别里有无已开发好的课程可以使用，如果没有再进行开发。这里须强调的一点是，模块化课程在起课程名称时一定要把关键字说全，比如上图中“团队建设模型”下的四个模块化课程。这些课程名称中一定要带上“团队建设模型”这几个关键字，不能简单地写“成军期”“风暴期”“规范期”和“表现期”。因为学员在平台或内网上搜索时，他们并不知道有四个时期，只知道要找与“团队建设模型”相关的课程。所以，关键字能够方便学员找到自己想要的课程。

最后是“不断优化”阶段：所有的开发者要根据业务的需要不断地自下而上对课程内容进行优化，这也是我们下一小节要重点讲述的内容。

13.2.2 每个人都是创造者

在课程体系结构搭建的初期，由于课程和模块化课程并不多，会经历一个沉寂期。在此期间，各个部门会按照自己业务的需要，不断补充开发出新的课程和模块化课程。同时培训管理者要做好已开发课程和模块化课程的宣传工作，定期在网站、内部公文系统和微信群中及时告诉学员，目前有哪些课程资源可以使用。等过了沉寂期，随着开发的课程越来越多、越来越成体系，内容越来越丰富，学员就会倾向于希望在已开发的课程中找到能解决自己实际工作问题的答案。

一般课程和模块化课程形成后，培训管理者会按照课程体系结构的分类将其放在学习平台上，便于所有的学员搜索查找。每个课程开发者可以根据大家对该模块化课程的使用频率（可以通过对该文件的浏览次数或下载次数来判断）来对该模块的内容进行相应的调整。如果被浏览次数或下载次数较多，说明该模块课程可能比较受欢迎，开发者可以持续优化改进，并在内容的首页加入每次修订时的版本说明。如果长时间没有人浏览，开发者可以考虑将模块化课程进行重新命名或进行内容分解，目的是突出内容的特点，让大家可以搜索到并使用到。开发者也可以在学习平台上搜索与自己模块化内容相关的内容，如有必要，可以与其他开发者联合对内容进行整合、替代、去除和增加操作。模块化课程的开发其实就是一个共创的过程，开发者开发的课程被别人学习越多、应用越多、下载越多，开发者就越有积极性，越想优化内容，不断提高学员对此模块化课程的利用率。

未来课程之间的竞争一定是内容上的竞争，谁能够提供更生动、更实用的内容，谁将成为内部粉丝备受追捧的对象。尤其是有着一线丰富管理和实践经验的人员，他们才是原创内容开发的主力。因为他们更容易发现问题，他们编写出的课程或模块化课程更具有吸引力。一般好的模块化课程都有以下几个特点。场景化：就是在描述知识点的同时，加入一个与实际工作相结合的应用场景，让学员更容易理解，更愿意直接引用。趣味化：用一个很生动的故事、一幅图画或是一个幽默笑话来讲述知识点，让学员寓教于乐，印象深刻。激发参与：好的内容一定是与学员有互动的。比如，在模块化课程中加入一些小测试，如性格测试、时间管理测试等和学员的日常工作有密切联系的小测试，让学员有参与感。付诸行动：学员学完此课程内容后，有很强的意愿或冲动将此课程内容中的一些表格应用到自己的工作实践中，或稍加改动，就可以解决实际问题。这四个特点都会提高不同学员对此模块化课程的重复利用率。

13.3　动态链接：内容创新，永无止境

要想保持很好的培训效果，培训管理者要在培训内容上不断地创新、探

索，鼓励更多的学员参与开发课程、学习课程、分享课程。同时培训管理者应该提供更好的培训平台、技术服务和运营机制，让内容创新变得更容易、更高效。

13.3.1 内容竞争，促成优化

大家可能都听说过"鲇鱼效应"。"鲇鱼效应"讲的是挪威的渔民为了让从海上捕捞到的沙丁鱼在运回陆地的过程中存活下来，在其中放入一条食肉的鲇鱼，通过鲇鱼的不断游动，沙丁鱼害怕被吃掉也保持游动，从而避免了因缺氧而导致的死亡。模块化课程的开发也一样，也需要培养一些"鲇鱼"，让大家形成竞争意识。未来的培训与现在的培训最大的区别就在于越来越依赖互联网技术，越来越向着共创和共享方向发展。现在我们评价一个课程可以人为设定一个标准，但未来的培训无论是课程开发思路还是对课程的评价思路都是来源于互联网的。好的模块化课程一定是被点赞最多、被下载次数最多和被采用次数最多的课程，这些数据在互联网上一目了然。大家围绕着互联网下共同形成的"游戏规则"，相互对比、形成竞争，这样会更有利于内容的不断推陈出新。

那么，什么样的模块化课程才是"游戏规则"中比较受大家热捧的呢？一是课程逻辑结构清晰：聚焦把一个方面的知识点讲全、讲透，让人看得明白、记得清晰。二是模块内容具有独立性：本模块化内容不和别的模块内容有交叉，即便在关键字上有交叉，也有不同的应用领域之分。三是有工作场景案例支撑：在内容中列举本企业的工作场景案例，这样更容易被学员理解和应用。四是与学员的交互性强：在内容中加入一些小的测试题会非常受欢迎，如果效果好，会吸引学员在自我学习完之后，主动应用于其他学员身上。五是被学员浏览的次数、下载的次数较多。六是开发者主动更新：开发者经常能够更新一些场景案例来让课程变得越来越接地气儿。这些都是好的模块化课

程的标志。同时，大家也会对课程的好坏形成一个评判标准。在一个企业内，优秀的模块化课程应该是授课对象非常聚焦的，这样开发出的课程内容才会具有针对性和可操作性。同时优秀的课程也会推荐学员学习一些已开发好的模块化课程；此外，课程中是否有针对性的案例，学员学习后对课程内容的反馈，以及课后学员行为有无改变等，都是学员评价模块化课程的标准。

内容开发者是需要不断被激励的。一方面开发者可以基于互联网实时看到学员们对他所开发课程做出的评价，另一方面培训管理者对课程内容的线下评价也要形成一个机制。借助大家在互联网上看到的数据，如浏览次数、下载次数、开课次数等，设计出一些奖项来，如最受欢迎模块化课程奖、最佳部门组织奖等，每半年或每年组织一次评优，明确评优标准，按照开发者或开发部门的排名给予一定的奖励。在大家看来，奖金的多少并不重要，重要的是这份荣誉，以及自己的付出被认可后的成就感。培训管理者要把这些获奖者和获奖部门公示在公司网站上或是线下的宣传栏中，激励大家更好地开发出更多的模块化课程。

13.3.2 不断组合，创新无限

未来的培训实施效率和频率都会得到很大程度的提高。学员越来越不满足于每月集中几天，甚至每周集中几个小时的培训方式。学员希望培训更加高效、及时，能够在他们需要的时候得到及时的响应和帮助。一旦有了模块化课程，我们就可以把它们做成二维码，贴在与之相关的工作场景中。当学员看到二维码，只需拿手机一扫，就能知道该场景的相关知识。许多学员会主动在公司的学习平台上按照关键字搜索自己需要的学习内容，然后快速进行整合学习。有的还与有相同需求的学员们一起，把一些模块化的课程进行修改、整合，形成一个新的适用于自己当下需求的课程。这种人人创造、人人为师的发展趋势会越来越明显，这也要求企业内部一定要有自己的学习平

台，在平台上让培训内容公开化、结构化和模块化。

我们可以把模块化理解成一些知识点的固定形式，学员在调用模块化课程形成新的课程时，不用过多地关心模块内知识点之间的逻辑关系，而应该把精力放在如何快速组合一个课程的逻辑和方法上，那么如何才能做到内容的快速组合呢?

首先在架构逻辑上可以继续沿用在第七章课程开发中讲到的“九字真经”：为什么、做什么、怎么做。“为什么”需要课程开发者自行编写，因为不同学员遇到的业务问题都不尽相同。“做什么”需要开发者定个方向，一旦想清楚后就可以运用关键字在学习平台上进行搜索，如果能找到合适的素材，连“怎么做”都囊括进去了。要想在短时间里组合出一门新的课程，还必须具备一个条件，就是所有放在学习平台上的模块化课程一定要使用公司统一的 PPT 母版，并标识出每一页的内容标题，形成课程大纲。当学员引用不同的模块化课程时，统一的 PPT 母版让拷贝和粘贴可以做到无缝连接；再将各自模块化课程的大纲层级按照新课程的大纲结构，进行快速升级和降级，一个全新的组合课程就应运而生了。

如果没有现成的模块化课程，在搭建课程架构时，可以借助思维导图工具。思维导图工具可以把“课程名称”放在中心主题的位置。将“为什么、做什么、怎么做”分别作为三个不同的分支，在每个分支上再拓展出来不同的标题内容，再围绕不同的标题内容层层深入展开。不同的标题内容之间如果需要互换，可随时挪动、调整和组合。现在还有一种新的技术，是可以基于手机端进行上述操作的，类似于思维导图的手机版应用，基于手机端的内容共创模式，再加上现在日趋完善的语音识别技术，将会更加方便开发者随时、随地进行内容创作。

任何好的内容都不是一成不变的，都需要开发者随时根据业务的需要进行推陈出新，不断增加新的场景案例及相关制度文件。总之，内容越与时俱进，就越受大家关注，就越会被不断地下载和引用。

老 HRD 的智慧

对培训内容进行模块化的管理和开发，不仅能满足培训学员的定制化培训需求，也能满足课程开发者进行快速知识沉淀的需求。随着内容模块化的深入开展，培训内容将更加体现出实战、实效、实用的特点。同时，公司的培训体系也将更加落地和完善。对于培训管理者来讲，也能根据模块化的内容，快速、高质地组合生成更多满足学员需求的课程。

第十四章

形式多样

——混合式培训形式将成趋势

本章导读

在培训的五大要素（目标、学员、内容、讲师和形式）中，相对来讲，形式是变化最多的。相同的培训内容，其授课形式要根据不同学员的需求而进行改变。同时，授课形式的改变，也对讲师的授课能力提出了新的要求。但无论怎么改变，授课形式都要最终为实现培训目标而服务。本章将结合实践探讨不同的培训实施形式。

随着互联网技术的不断发展，还会涌现出更多的培训形式。但不论培训形式如何改变，都是为达到培训目的而服务的。培训管理者只要抓住这个核心思想，培训形式就像是“韩信点兵，多多益善”，一个成功的培训必然是靠混合式培训形式来支撑的，而选择好培训形式对学员快速有效地学习知识确实能起到加强和促进作用。

14.1　灵活多样：形式要为目的服务

微课、直播室等授课形式伴随着学习技术支持的发展而不断推陈出新，使学员基于互联网的学习越来越方便。很多企业出于快速推广培训的目的，过于追求基于互联网的学习形式，导致课程制作质量不高，类别分散，不成体系。其实越是互联网盛行的今天，我们越要分清楚为什么会有这么多的培训形式出现，以及它们各自到底能产生什么作用。这样我们才能将不同的培训形式为我所用，而不是为了追求很炫的培训形式而去实施。

14.1.1　为啥形式总要变化

想要回答这个问题，首先要从培训学员入手。我们反复强调培训要以学员为中心。所以，无论是过去、现在，还是未来，培训形式的改变都离不开学员。在企业做培训，我们首先要了解成年人的学习特点，参见图 14–1。

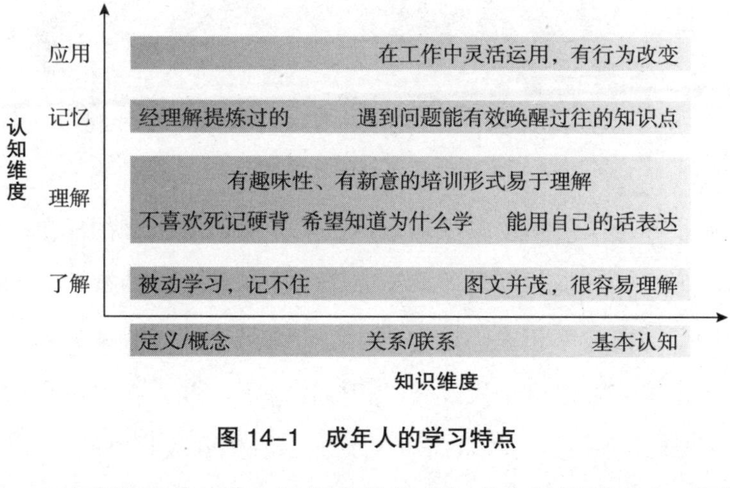

图 14–1　成年人的学习特点

从图 14–1 可以看到，横坐标代表的是成年人在知识维度上不同的理解层次，从最左面的“定义 / 概念”，经过中间的“关系 / 联系”，到最右面的“基本认知”，成年人倾向于从基本认知这个角度去进行理解，而非死记硬背它的定义或概念。纵坐标代表的是成年人在认知维度上的四个理解层次或阶段，从最下面的了解阶段到最上面的应用阶段，成年人真正的认知体现在应用这个阶段，而非停留在简单的了解阶段。结合这两个维度，可以总结成年人的学习特点。成年人在学习时，如果只是当时了解了一下内容，那么过些日子很快就会忘掉。除非他能有所领会，并且还能够用自己的话表达出来，此时说明他已经真正理解了。再过一段时间，如果他能够在遇到问题时唤醒所学知识，这时他处在相对理想的“记忆”阶段。最有效的是不仅能在大脑中有反应，同时还能将所学知识落实在行动上，在行为上发生改变，这才真正完成了成年人从知识到行为的转变。我们再来看图 14–2。

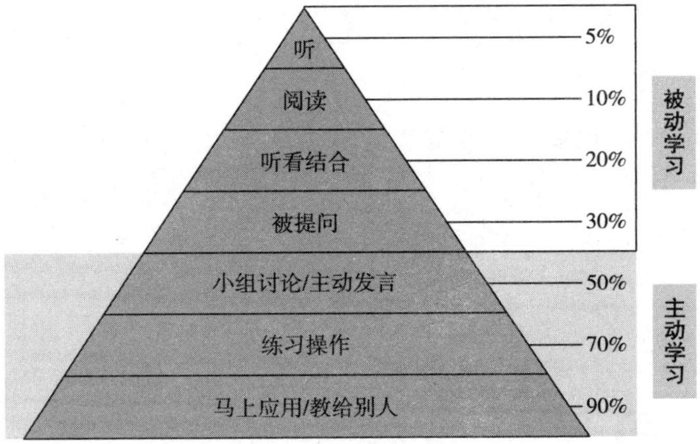

图 14–2　学习吸收率金字塔

学习吸收率金字塔是由美国国家训练实验室研究出来的成果。它证实了不同的学习形式，学员的平均效率是完全不同的。学员从被动学习到主动学习，对知识点的吸收率相去甚远。单纯地听讲师讲课吸收率最差。如果学员在课堂上和讲师有互动、积极发言、积极做练习，并且在课后自己积极实践应用，并愿意教给别人，这样的学员对讲师所讲内容吸收率最高。

结合上面两张图可以看出，培训形式的改变完全是基于成年人的学习特点和他们对不同学习形式的学习吸收率而做出的改变。这种改变既是被动的，也是主动的。之所以说是被动的，是因为如果培训形式不做出多样化的调整，还是单一上课的形式，将不能满足成年人对知识的理解和认识的掌握，这样的培训效果最终只能是竹篮打水一场空，尤其是对于在互联网环境下长大的员工，他们更渴望多样化的培训形式。之所以说是主动的，是因为基于互联网技术和学习技术支持的出现，培训形式已经可以不再让学员死记硬背，比如，通过一些游戏的设计或在网上动态出考试题的方式让学员加强记忆。从一对多的传统授课到一对一的教练辅导；从固定时间、固定地点的培训课程到不受时间和地域限制的网络直播；从被安排在教室里的被动上课到基于互联网的自主学习；这些培训形式的改变，极大地提升了学员的学习兴趣、学习效率以及学习效果。是每一个培训管理者需要去了解、学习并在实践中加以运用的。

14.1.2　目的不同，形式不同

培训管理者在组织一个培训前，应首先考虑清楚要达到何种目的，再决定选用什么样的培训形式。我们先把目前已有的培训形式尽量用一个框架展现出来。我们把最明显的两种形式线上和线下实施方式作为纵坐标，再选择一个与学员相关的指标作为横坐标。考虑到不同培训对学员的参与度要求不同，我们把每次培训或学习时是否需要知道有哪些学员参加（即是否需要参训学员记录）作为横坐标。这样就组成了一个四象限图。但这样划分显然有点空，还是不能把很多培训形式区分开来，所以在每个象限里，我们再设置一个横坐标和一个纵坐标，这样又构成了四个小的四象限图。在每个小的象限图里，我们把培训时效性的高低作为横坐标，与学员互动的多少作为纵坐标，这样就构成了下面这张图。

图 14-3　培训形式框架图

在上图中，我们用了四个指标将上图分成了十六个象限。这四个指标中，有一个是和空间相关的，即线上和线下；有一个是和时间相关的，即培训的时效性；还有两个指标是和学员相关的，即互动的多少和学习对象是否可控。通过这四个指标的相互组合，我们可以把常见的培训形式放在对应的象限里进行分析、讨论，参见图 14-4。

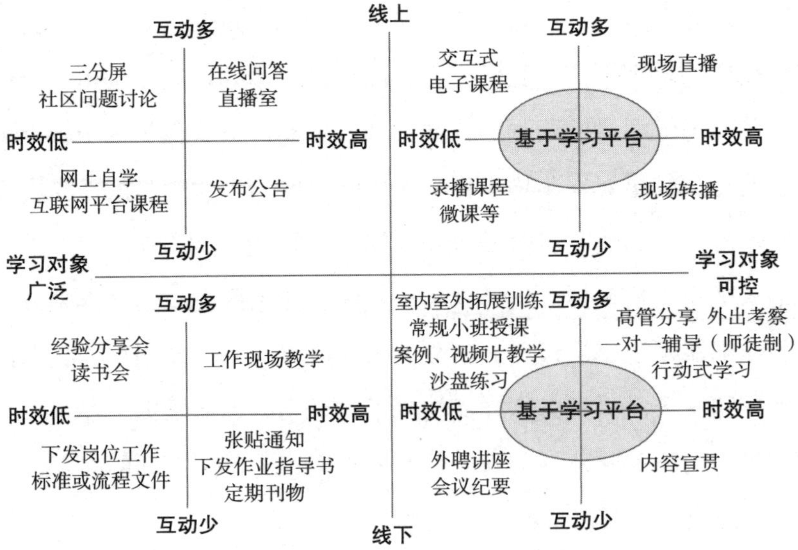

图 14-4　不同的培训形式

在每次组织培训前，培训管理者可以根据培训所要达到的目的，在图 14–4 中选择相应的培训形式。未来的培训形式一定是混合式的，一定是一个培训采用多个培训形式来开展。在后面的两个小节中，我们将具体讨论每个象限中的不同培训形式各自有何特点。

14.2　线上形式：隔空问学，一网打尽

在线上形式中，我们分成学员（学习对象）可控和学员广泛两个类别来进行描述。

14.2.1　学员可控时的培训形式

学员可控，意味着我们需要将参训学员的信息录入培训管理系统，便于后期跟踪管理。基于学员可控的线上培训形式，可参见图 14–5。

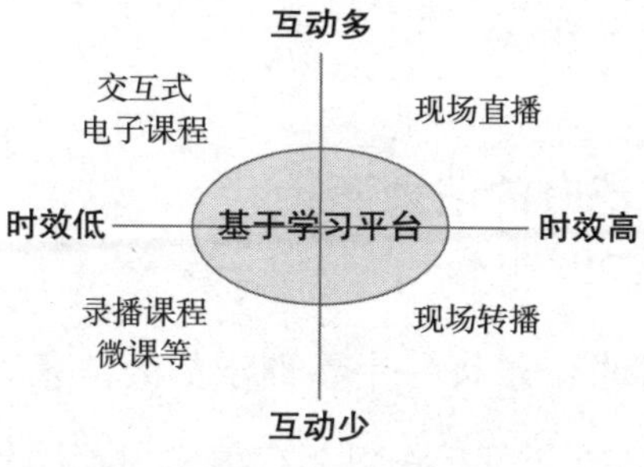

图 14–5　线上学员可控时的培训形式

对于时效性和互动性要求都很高的培训，我们可以采取现场直播的培训方式。目前，现场直播可以做到同时支持手机端和电脑端登录，这样无论学员在哪里，只要有网络，就可以参加现场直播。

对时效性要求不高，但对互动性要求高的培训，我们可以采取交互式电子课程的培训方式。目前，越来越多的电子课程会设置和学员的互动环节。比如，在一段视频播放完毕后，系统会出几道选择题或填空题来让学员回答。系统会根据学员的回答给出相应的回馈信息，并最终告诉学员正确的答案是什么。有的电子课程在结束时还会出一套考题。根据学员的回答，给出相应的得分。

对于时效性和互动性要求都不高的培训，我们可以采取录播课程和微课的培训方式。这两种培训方式可以详见本书第十二章内容。

最后，对于时效性要求高，但不要求有互动性的培训，可以采取现场转播的方式。目前，很多现场直播的培训，在直播完成后约半个小时，就可以自动生成现场转播的内容。现场转播与直播的最大区别在于现场转播只完成培训内容的传递即可，且内容是不可改变的。而现场直播由于加入了与学员的互动讨论，培训内容会随着讨论内容的改变而改变。

如果我们需要完整地记录学员在培训中的信息，我们就要依托一个学习平台，学员无论参加哪一种形式的培训，学习平台都会在数据库中进行记录，并生成相应的学员参训记录表，便于管理人员随时查询。

14.2.2 学员广泛时的培训形式

当我们的培训不要求记录每一个参训学员的信息时，我们就可以选择图 14–6 中的这些方式。目前，在互联网上有很多免费课程，而且资源越来越丰富。作为公司的培训管理者，一定要合理地利用这些免费资源和免费平台。这些资源或平台虽然无法提供培训学员的学习记录，但可为学员获取知识提供一个途径。

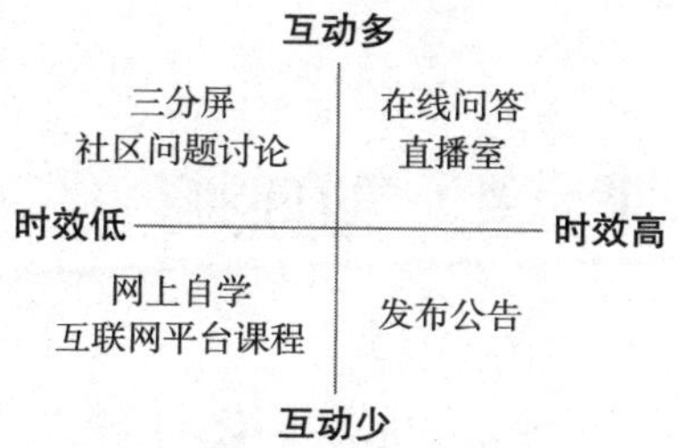

图 14-6　线上学员广泛时的培训形式

按照时效性的高低和与学员互动的多少，我们依然可以将培训形式分成四个象限。对于时效性要求高、互动要求多的培训，我们可以采取在线问答、微信直播室等培训形式。在线问答是培训常用的一种方式，现在很多 APP 都有此功能，建立一个虚拟教室，学员可以任意进入“教室”，并在教室中按规则进行发言提问。学员可以实名也可以匿名提问。讲师根据学员的问题实时在线给予解答。微信直播室这种培训方式现在也被广泛应用。在微信中打开一个链接，就可以进入一个直播室观看培训内容，有的微信直播室需要输入一个密码才可以进入。总之，任何学员只要有这个链接和密码就可以进入直播室。

对于时效性要求不高，但需要有一定互动性的培训，我们可以采取三分屏或社区问题讨论的形式。三分屏的形式在本书第十二章已有涉及，这里不再赘述。社区问题讨论这种形式有别于微信或微博等社交媒体，它是在某网站上单独开辟一个讨论区，以问题类别的形式来呈现给讲师和学员的，讲师和学员根据自己的兴趣和需要，在不同的问题类别里发言。

如果讲师需要通过互联网的方式让所有学员及时了解一些信息，对于这种时效性要求高，但不需要有互动性的培训，可以通过在公司内网或微信群发布一条培训公告的方式完成。

最后，对于时效性要求不高，也无须互动的培训，可以采取常规的互联网平台课程的形式。学员可以自由登录某学习网站，注册后便可免费学习该网站内的课程资源。学员也可以采取网上自学的方式进行学习。

14.3 线下形式：效果为要，重在创新

相比线上教学方式，线下教学更为传统，但也更为有效。如果抛开时间、地点、交通成本等影响因素，其实线下面对面的培训效果肯定比线上的好。本小节将围绕线下培训方式中的学员可控（需要有培训记录）和学员广泛（不需要有培训记录）两种情况，探讨都有哪些培训形式。

14.3.1 学员可控时的培训形式

培训部门组织一个现场培训非常不容易，所以大多数的线下培训还是需要记录参训学员信息的。我们来看一下在线下需要记录参训学员信息的有多少种不同的培训形式，参见图 14–7。

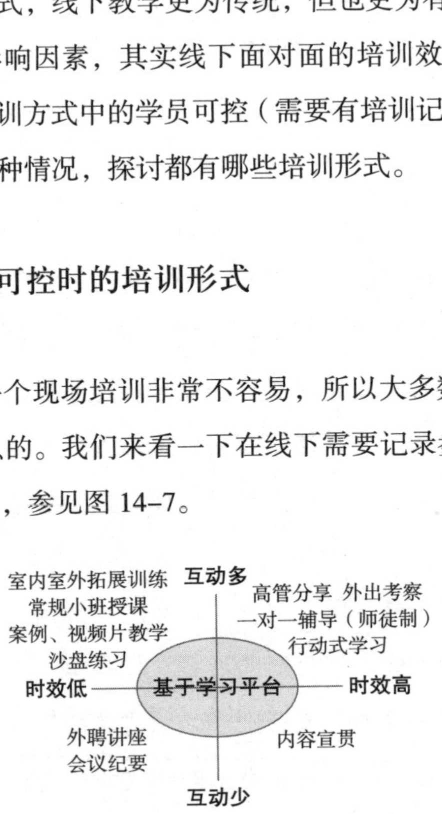

图 14–7 线下学员可控时的培训形式

对于时效性要求较高、讲师与学员互动性强的培训，我们常见的培训形式有如下几种。高管分享：为特定的人群，如青干班学员或新入职员工，安排高管为他们分享企业的发展历史或分享个人的成功经验。外出考察：组织公司有潜力、能力强的员工外出参观相关企业，拓宽视野，取长补短。一对一辅导：就是我们常说的师傅带徒弟，手把手地教，有问必答，有求必应。行动式

学习：围绕公司特定的问题，跨部门成立学习小组，用特定的方法一步一步找到原因，确定目标，制订计划，按计划执行，最后做成果汇报的一整套方法。

对于那些时效性要求不是很高，但对互动性有要求的培训，我们常常会组织如下几种活动。室内室外拓展训练：通过一些与团队建设或个人潜能相关的活动，让学员发现自我，提升团队凝聚力。常规小班授课：人数一般不超过40人，人数再多就无法进行有效的互动了。案例、视频片教学：这种方式更强调让学员亲自参与进来，学员在看完案例或视频片后进行小组讨论，然后再小组发言或做角色扮演，与讲师的互动非常多。沙盘练习：类似于案例教学，但是沙盘练习的设计更加复杂，需要有一套复杂的"游戏规则"来支撑。不同的小组在一系列不同情境下做出的决策方案，会导致不同的商业结果。尽管过程比较复杂，但最终得出的结论更接近实际情况，对学员的触动也会更大。

对于那些时效性和互动性要求都不高的培训，如内部或外聘的讲座，一般只要讲师同意，就可以召集尽可能多的学员来听课。或者在讲座后发出培训或会议纪要，通过邮件或微信让指定的学员自行学习。如果是时效性要求较高但无须互动的培训则可采用内容宣贯的形式。

14.3.2　学员广泛时的培训形式

也有一些线下的培训形式是不要求记录参训学员信息的，参见图14–8。

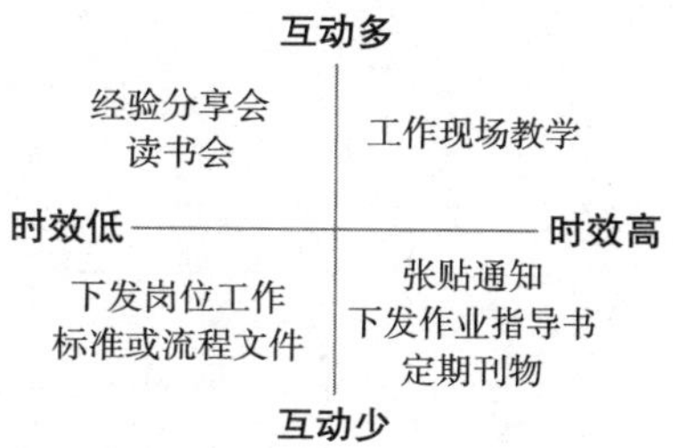

图14–8　线下学员广泛时的培训形式

在工作现场教学这种培训方式适合于对时效性和互动性都要求较高的培训。讲师深入一线工作现场，与学员面对面交流，解决工作中遇到的实际问题。

经验分享会和读书会适合对互动性要求较高，但对时效性要求不高的培训。只要时间允许，组织者就可以定期发起，学员根据自己的时间报名参加。

对时效性和互动性要求都不高的线下培训活动，最典型的就是下发岗位工作标准或流程文件，让学员自行学习。如果对时效性要求较高，但对互动性要求不高，则可采用张贴通知、下发作业指导书（在不同工作阶段会有不同的作业指导书）和出版定期刊物（企业内刊）的方式来进行。

老 HRD 的智慧

随着互联网技术的不断发展，还会涌现出更多的培训形式。但不论培训形式如何改变，都是为达到培训目的而服务的。培训管理者只要抓住这个核心思想，培训形式就像是“韩信点兵，多多益善”，一个成功的培训必然是靠混合式培训形式来支撑的，而选择好培训形式对学员快速有效地学习知识确实能起到加强和促进作用。

第十五章

组织网格

——网状化培训组织将成必然

本章导读

无论是大公司还是小公司，随着互联网技术的不断推陈出新，在不远的将来，各个业务或职能部门都将呈现出开放互联、动态变化的特征。在这种情况下，公司的培训管理者要想再深入各业务或职能部门去提供培训服务，因为外部业务环境和内部组织架构变化越来越快，结果很可能是投入了很多的人力、物力，但只能起到事倍功半的效果。因此，未来公司内的培训组织也将呈现开放互联的特征，各业务或职能部门在遵循公司统一的基本管理规定下，各自负责各自的培训，各自发挥各自的优势，成为一个个有明显部门特色的培训节点，然后按照业务流彼此相互关联，形成网状化的培训组织结构。而此时的培训管理者应该考虑的是如何让公司的整体培训组织保持行业的先进性，并与不同行业的培训领导者共享成功经验。

业务的快速发展对人员能力的要求一定会促使培训职能由集中管理向各业务或职能部门自行管理转变。这一大的转变带动了整个培训体系的转变，培训管理部门在这种变化下要摆正自己的位置，做好基础性的、平台性的服务工作，为业务或职能部门培养更多的培训负责人，通过他们来体现自身的价值。同时总结公司的培训经验和培训产品，向外拓展培训的品牌，搭建自己的讲师和销售团队网状结构，开拓一片新的市场、新的天地，实现企业更大、更长远的目标。

15.1　独立运作：阿米巴成主流

阿米巴，在管理上是指以各部门为经营单位，形成各自的领导团队，制订各自的行动计划，依靠部门成员的集体智慧和努力来完成目标。公司培训管理部门不可能永远负责组织各种培训活动。随着业务或职能部门的快速发展，要想满足各自部门日益增长的定制化培训需求，一定会先涌现出一批部门，他们开始独立运作自己的培训项目，然后越来越多的部门去效仿，并最终形成各自部门的阿米巴培训模式，这种模式也会最终成为主流。

15.1.1　业务部门对实效性要求越来越高

业务部门在公司永远是冲在最前沿的。"春江水暖鸭先知"，业务部门对市场的变化、对新技术的了解、对竞争压力的变化远远超过公司的职能部门，当然也包括培训部门。这就注定会导致一个问题，公司的培训部门很难满足业务部门更深层次的培训需求。传统的公司培训管理部门一般只能解决一些跨部门的、有共性的、常规的问题，真正针对某个业务部门的专题培训其实也不多。一是由于培训部门不可能有那么多的精力来关注每个业务部门，二是因为培训部门的人对业务的专业化内容了解也不深。而业务部门随着外在环境多变带来的挑战不断增大，对业务人员能力的要求也越来越高，对培训的实效性要求也越来越高。业务部门在培训实效性方面的要求主要表现在三个方面：一是遇到的问题变化快；二是业务人员在变；三是培训时间不可控、不固定。

首先，业务部门遇到的问题来自内生和外在两个方面。内生的问题大多是由于公司内部流程运作或部门间责任不清而产生的，这些问题具有复杂性、多变性的特点，解决方法也是灵活多变。外在的问题主要来自市场和技术的变化，这些问题也具有不确定性。所以，要想从培训的角度帮助业务部门找到应对内生和外在问题的课程，需要课程开发者深入了解业务，并熟知公司的相关流程制度，还要对该业务的市场运作、技术应用、未来发展有一定的了解。很显然，具备这种能力的人一般都在业务部门，而非在公司的培训部门。所以，业务部门如果真的想解决这些问题，就必须找自己部门有经验的人来专门负责此事，并且常设这个职位负责总结知识沉淀、分享沉淀经验、优化沉淀内容的工作。

其次，业务部门的人员经常会发生变动，有新入职的、转岗的、离职的，还有复岗的，而且公司内不同业务部门发生人员变动的时间节点和人员数量都不一样。这些变动人员涉及的培训内容也是五花八门，公司虽然有培训部门定期做新员工培训和组织一些专业技术培训，但对于业务部门要求的培训及时性来讲，还只是杯水车薪。业务部门需要的是人员随来（新招聘的）随训，随动（职位变动或岗位变动）随训，而且业务部门非常关注培训后的效果，对培训形式也要求要多样化一些，不能总是面授教学，这些要求汇集在一起，都需要业务部门在内部培养自己的内训师。

最后，最头痛的问题就是培训时间的问题。以往公司培训管理部门好不容易协调各种资源，投入人力、物力、财力安排了一场培训，结果培训当天可能因为业务部门突发情况而导致学员无法参加培训，错失良机。等业务部门的人员相对时间有保障时，公司的培训部门又没有相应的培训安排了，这种尴尬现象是常态。最好的解决办法就是业务部门来主导培训的发起和参训人员的安排，即使当天临时有事，因为是自己主导安排的培训，一定也能通过各种资源的协调来顺利解决。

15.1.2 业务部门将形成不同培训的阿米巴

公司要不断发展，业务部门的压力就会持续加大，这也就意味着业务部门的员工对培训在单位时间内的培训效果产出要求更高。业务部门要想彻底解决上个小节中谈到的三大问题，就必须组建自己的培训团队，并开始逐渐搭建自己部门的课程体系、讲师体系和运营体系。当然基于部门的培训团队组建和内训师人员的培养可以借助公司培训管理部门的相关资源，包括已有的相关培训管理规定、学习平台资源（如员工培训管理系统、网上学习平台）和教学开发工具（如课程 / 内训师认证方法）等。

从培训的全生命周期来看，业务部门在培训的各个阶段都可以充分发挥阿米巴的优势。首先是课程的开发阶段。对于业务部门来讲，每个课程的开发都可以做到有的放矢，不像公司的培训部门，有时会有课程开发的指标压力，所以难免有些课程的开发质量不高。业务部门为自己开发课程，开发的课程不求多，只求精，哪怕一个课程只解决一个问题也行。授课对象也更加聚焦，无论是在课程的内容设计，还是案例的设计上都更加有针对性。课程的长度也不必过长，1~1.5 小时就行，有点“少食多餐”的特点。这样的课程长度和内容讲解要求，无论是对业务部门的课程开发者还是对内训师来讲，难度都不是很大。

其次是课程的实施阶段。由于是业务部门自己安排培训，培训时间可以更加灵活，可以根据工作任务的多少进行调整或是安排在下班后进行。培训对象的选择也可以根据大家实际工作的忙碌情况进行调整，甚至有时是根据学员的情况，临时更换课程和协调别的内训师。培训地点的选择也可以因地制宜，根据人员的多少就近选择不同的培训教室或会议室进行。在课程的实施当中，内训师的讲解更像是带着学员一起在讨论一个真实的业务问题，既不像真正的业务会议那样氛围有些压抑，也不像一般的培训课程那样完全抽离业务，此时的培训实施效果应该是最好的。以上这些方面都是公司的培训管理部门无法做到的。

最后是课程的评估阶段。这个阶段对于公司的培训管理部门而言，往往是最难衡量效果的一个阶段。但对于业务部门来讲，却是最容易衡量效果的一个阶段。有人担心在上面的课程实施阶段，充满了很多临时变化的因素，如此“随意”地授课，会不会影响课程的实施效果。其实，这就是一个动态调整的过程，业务部门可以从学员参训后的效果来反观课程的实施是否合理，是否需要调整。业务部门最清楚学员在学习完课程后，能否将知识点运用到工作中去，在运用的过程中又出现了什么新的问题，从而可以不断地改进、优化课程内容，改进、优化授课方式，让知识点更加贴近实际工作，而且这一切都是在闭环的自适应过程中完成的，无须公司培训管理部门的介入和考核。

15.2 管理转变：监管 / 组织双轨并行

作为公司各业务或职能部门培训的总体架构设计师，培训管理部门负责人应该提早预见到未来培训部门与业务或职能部门在培训上的角色定位关系。培训管理部门应该把重点放在正确的事情上，而业务或职能部门则应该把重点放在正确地做事上，只有这样才能相互促进，提升效率。

15.2.1 培训部门的价值如何体现

在未来，当培训组织的大部分工作都逐渐由业务或职能部门承担后，公司的培训部门应该如何体现它的价值呢？可以着重做好这五件事：定规则、培养人、搭平台、辅监管、理数据。

定规则：“无规矩，不成方圆。”要想让业务或职能部门负责的培训工作既保持体系化的特征，同时还能兼顾业务的特色，做到放而不乱，公司的培训管理部门就必须对整体的培训架构和培训体系提前做好规划，确保各业务或职能部门基于统一的标准和要求来开展各自的培训。统一的标准包括对制度编制的要求、对课程开发的要求、对内训师认证的要求、对数据收集的要求，等等，这些都应该是写在公司级培训管理规定这个层面上的，让所有的部门都参考执行。

培养人：这里的培养对象指的是各业务或职能部门的培训负责人。之所以要重点培养这个群体，是因为公司从整体上对各部门培训的实施还是有一定要求的。各业务或职能部门的培训负责人必须清楚公司的要求，并能够把这些要求落实在各个部门的管理规定中。从某种意义上讲，各业务或职能部门的培训负责人决定着部门和公司整体培训质量的好坏，所以在人选的安排上，各部门要推荐有责任心的、能力比较强的人员。公司培训管理部门则要对这些人进行高标准、严要求的培训，包括如何搭建培训体系、如何建立培训管理规定、如何做课程开发、如何做课程评审、如何做内训师评审和如何设置学习平台等内容，确保这些人能带领各部门做好培训开展工作。

搭平台：虽然各业务或职能部门的培训是阿米巴的管理模式，但为了更高效、更合理地利用资源，公司培训管理部门可以提供平台性的资源供各业务或职能部门使用。比如一些 E-Learning 课程、向一些大的培训机构进行集中采购、提供统一的学习平台，以确保后台数据的统一等。虽然不参与具体培训项目的实施，但公司培训管理部门依然可以定期组织各业务或职能部门之间的培训效果评比工作，发挥平台优势，让大家通过评比相互学习、取长补短、共同进步。

辅监管：这里的“辅”不是“辅助”的意思，而是代表“辅以”。因为各业务或职能部门的培训预算、培训计划和培训质量无须公司培训管理部门去监管。公司培训管理部门只需对各业务或职能部门是否遵守公司级和部门级的管理规定进行监督和检查。换句话说，公司培训管理部门将更加偏向过程管控而非结果管控。对各部门培训效果的影响是靠相互评比来促进的。辅监管是为了做好各业务或职能部门在培训实施过程中的风险管控，确保各部门最终培训数据格式的准确性。

理数据：各业务或职能部门每月要定期按照指定的格式提报培训数据，如开发课程名称、认证内训师名单、学员培训记录等信息，公司培训管理部门将这些数据验证后及时导入培训管理系统（有些公司可以通过学习平台将学员参训数据自动写入培训管理系统）。建议一开始先由公司培训管理部门统一导入数据，待运行一段时间后，再向各业务或职能部门开放数据录入的权限。录入的数据有利于培训师从公司层面及时了解各业务或职能部门的课程开发情况、内训师授课情况和学员学习情况。对于在公司内跨部门调动的员工的过往培训记录也可以做到一目了然。

15.2.2 培训部门必做的几个项目

公司的培训管理部门要有所为，有所不为。在课程提供方面，凡是涉及入门基础的新员工培训项目、通用素质类培训项目、基于战略人才培养的培训项目和基于职能服务的培训项目，都是跨部门进行的，公司的培训管理部门可以在这些项目上多花些精力。

新员工培训项目：新员工培训的重点是让他们了解公司的发展历史、经营现状及愿景使命；了解公司的组织架构；了解人事、财务和信息的相关管理制度，以及一些通用的业务知识。这些知识是公司所有部门都共用的，无须每个部门独立开发课程和讲解。由公司培训管理部门统一开发教材并讲解，有助于规范内容、统一思想。

通用素质类培训项目：公司培训管理部门会选择一些比较适合当前公司发展阶段或与员工素质模型有关的通用素质类课程，如时间管理、商务礼仪、有效沟通、职业生涯规划、会议管理等，这些课程由公司培训管理部门通过 E-Learning 或面授的方式统一进行。这些课程如果让业务部门自行为员工安排授课，很有可能会被业务部门忽略或因为工作忙等原因不做。所以，应该由公司培训管理部门统一进行安排和培训实施管理。

基于战略人才培养的培训项目：区别于某个业务部门战略人才的培养，这里指的是基于公司整体发展战略，需要培养复合型人才的培训项目。无论是从人员的选拔上、培训方案的确定上，还是从培训师资的实力上、授课方式的改变上、培训效果的评估上，都区别于常规的管理类培训，可以说这个项目是公司培训管理部门实施的最重要的一个项目，它决定了公司未来的发展是否有合适的后备人选问题。在有些公司，会把这个项目拆分成不同层级的人才培养项目，如针对后备管理者、后备主管、后备经理、后备中层和后备高管的不同项目。每个项目之间既有联系也有各自的特殊性。由这个项目培养出来的人才往往会承担跨部门的管理岗位或本部门的离任管理者接替，因为他们的管理视角、思考方式及做事方法和未参加战略人才培养的管理者是不一样的。

基于职能服务的培训项目：在工作开展的过程中，如果涉及公司的许多职能部门，如人力资源部、财务部、信息中心等重要基础职能部门的重大政策、流程、制度调整或各自信息管理系统发生改变，公司培训管理部门应统一组织各业务部门及时学习并掌握相关情况。

除此之外，公司培训管理部门还要负责统一学习平台的升级和维护工作。这个平台是所有业务或职能部门对各自员工培训的坚实基础。

15.3　未来之路：由内向外，与时俱进

因为企业的外部环境是不断变化的，所以对员工能力的要求也是不断变化的，与之对应的培训组织也要发生相应的改变。培训管理者一方面要做好支持内部业务或职能部门的培训管理工作，授人以鱼不如授人以渔；另一方面也可以尝试着将自己的培训品牌向外输出，逐渐完成从成本中心向利润中心的转变。

15.3.1　内部管理将支部建在连上

各业务或职能部门的培训负责人是实现“培训统一管理”的组织根基。

他们的培训工作是否有计划性、是否有思路、工作开展是否顺利和得力，都直接影响各业务或职能部门的培训效果。作为公司的培训管理部门，要对各部门培训负责人开展好以下三方面工作。

一是关心他们的组织建设：人力资源是一切管理的基础。有些业务或职能部门因为人员编制有限，于是他们让一个人兼职多个岗位，这个人成了“万金油”，什么都做，什么又都做不细。如果一个部门的培训负责人同时兼职若干个职务，很难想象他能有精力去做好培训支持工作，更不用说搭建自己的团队了，那么培训管理“将支部建在连上”也就成了一句空话。所以，培训管理者首先要关注各业务或职能部门负责培训的人力资源状况，了解是专职人员还是兼职人员，向谁汇报工作，部门对该培训负责人有无考核指标，有无继续扩大培训团队的计划，甚至还要了解各部门培训负责人的薪酬构成和奖罚机制，只有人心定了，人才有可能在培训负责人的岗位上做出成绩。

二是建立定期的沟通机制：公司的培训管理者应与各业务或职能部门的培训负责人建立定期的沟通机制。沟通的内容并非只是简单了解下培训的实施情况（如课程开发情况、部门内训师认证情况和有无学员参训记录等），关键是要了解他们有无整体的培训计划，以及培训计划与业务联系的紧密程度。了解部门领导是把培训工作当作辅助手段，还是把培训工作当作业务发展的有力工具。另外，要想确保培训工作顺利开展，在各部门内部是否已经建立起相应的流程和制度也是定期沟通的主要内容。

三是进行阶段评优奖励：为了让各业务或职能部门形成比学赶超的培训氛围，公司的培训管理者要阶段性地组织评优活动，把各业务或职能部门的培训工作放在一起晒一晒、比一比。可以从团队成员组建情况、培训计划是否完善、课程开发数量、认证内训师数量、参训学员数量、参训学员反馈和有无流程制度支撑等方面来考核。邀请个别业务或职能部门的老总担任评委。对获奖者进行深度访谈，将他们工作的点点滴滴都提炼、总结出来，然后通过各种渠道，让各业务或职能部门的培训负责人学习先进、争当先进。在相互竞争中为各自的部门人员做好培训工作。

15.3.2　外延发展向利润中心转变

通过在内部的各业务或职能部门建立培训“支部”的办法，一方面，可以通过提高“支部”负责人的培训组织能力，让培训更贴近业务；另一方面，也给公司的培训管理部门腾出了大量的精力，使他们有时间从监督的角度去帮助各业务或职能部门更好地提升培训效率和效果，同时也有时间可以把在“支部”中好的培训经验和培训项目总结提炼出来，再结合总体的培训管理体系，形成一个好的培训实践项目，可以与更多的培训同行做分享。可能有人会问，内部培训做得不错，为什么要向别人分享。其实，公司的培训部门除了培养、提升员工的能力外，还可以为公司的品牌建设添砖加瓦，尤其是行业内的龙头企业的人才培养项目更具有代表性。很多应聘者之所以加入一个企业，企业的人才培养机制和培训的品牌也是吸引人的一个点，我原先所在的惠普商学院在这点上就做得非常好，不仅培养了内部员工，同时也培养了大量的行业客户，打造了一个很好的培训品牌，还为公司创造了每年数千万元的营业收入，成功地完成了从成本中心向利润中心的转变。要想实现上述目标需要做好以下三点。

一是打造经典产品：所谓的经典产品实际上就是在企业内部已经经过验证的、好的培训项目。但再好的培训项目面向市场时也需要进行包装。一个经典的培训项目应该包括对培训背景、培训目标、培训对象、培训课程、实战案例、培训讲师、培训支撑平台、培训制度流程跟进、培训学员反馈、培训后效果跟进等要素的描述，再配上些培训过程的图片，就完成了对一个经典产品的包装。

二是参与行业评比：在企业直属领导的允许下，培训管理者要积极参加行业内或跨行业的培训项目评比，与不同行业的培训管理者在评比的过程中互通有无，学习别的行业的培训成功经验。如果能够获得奖项，无论是对公司、对公司内各业务或职能部门的培训负责人，还是对自己，都是一个非常好的激励。

三是开展对外培训：要想做到这一点，首先要具备足够的实力，包括课程在市场中的价值定位、目标客户群的确定、讲师团队的成熟度、有无销售团队等。企业对外开展培训服务，一般都是先从自己的上下游企业或客户入手。比如，当年的惠普经销商大学就是先对惠普的经销商做培训。经销商要想做惠普的生意，就必须先成为惠普认证的经销商，而每个公司要拿到几个培训的认证就成为惠普认证经销商的条件之一。后来的惠普商学院对企业客户做培训，也是先卖给购买惠普产品的客户，到后来品牌越做越大。惠普商学院的销售团队也是从先借助内部产品销售的帮助，到建立培训部自己的销售团队，再到建立销售代理的网状销售模式。讲师团队不仅包括惠普商学院自己的专职讲师，而且公司内很多部门的高级经理或事业部老总，甚至是一些外部的知名人士，都是惠普商学院的讲师。所以任何一家企业在对外开展培训时，逐步搭建一个网状的讲师团队和销售团队，也是让培训部门成为利润中心、让培训部门助力企业实现更大战略目标的必不可少的条件。

老 HRD 的智慧

业务的快速发展对人员能力的要求一定会促使培训职能由集中管理向各业务或职能部门自行管理转变。这一大的转变带动了整个培训体系的转变，培训管理部门在这种变化下要摆正自己的位置，做好基础性的、平台性的服务工作，为业务或职能部门培养更多的培训负责人，通过他们来体现自身的价值。同时总结公司的培训经验和培训产品，向外拓展培训的品牌，搭建自己的讲师和销售团队网状结构，开拓一片新的市场、新的天地，实现企业更大、更长远的目标。

后 记

经过五个部分的详细阐述，从问道到寻法，从正术到善器，最后顺势而为，我也把我这 20 多年的培训经验和教训做了一次彻底的回顾和梳理，对有些问题想得也更透彻、更清楚了。编写的过程是痛并快乐着的，也让我对培训有了新的认识和更深的感情。在这个提倡终身学习的时代，我想尝试用一张图来概括五个部分的内容，作为本书的收尾和总结。

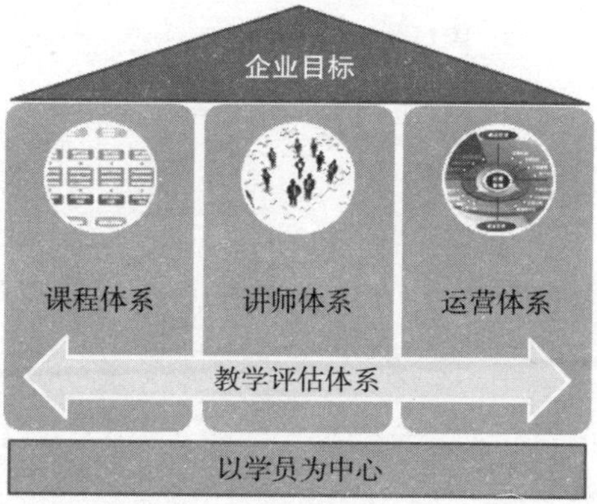

所有的培训都是为了实现企业的目标而以学员为中心开展的。培训体系的核心可以用“3+1”来表示。“3”就是课程体系、讲师体系、运营体系；“1”就是教学评估体系。培训管理者的核心任务就是不断完善、优化这四个体系。

在课程体系中，课程的内部、外部比例会从现在的“外多内少”逐渐向“以内为主”转变，课程的内容构成会从现在的“大而全”的课程逐渐向“模块化”

课程转变，课程的开发者也会从现在的“专业开发者”向“人人”都是开发者转变。

在讲师体系中，讲师的内部、外部比例会从现在的“外多内少”逐渐向“以内为主”转变，讲师所讲的课程会从现在的“单而专”逐渐向“多而全”转变，讲师的角色也会从现在的“专业讲师”逐渐向“辅导者”转变。

运营体系包含三个部分：团队、流程制度和学习平台。团队会从现在的“统一专职”人员逐渐向“分散兼职”人员转变。流程制度会从现在的“统一权威”作用逐渐向“分权指导”作用转变。学习平台的运营也会从现在的“统一管理”逐渐向“授权管理”转变。

三大体系运行效果的评估体系也会随着三大体系的变化而变化。

但无论怎么变化，提升员工的能力，帮助员工取得更好的业绩，加速员工的个人成长始终是培训管理部门的初心。作为培训管理者，要不忘初心，怀着一颗感恩的心，在各自的管理岗位上，为公司培养更多的栋梁之材，实现自己的人生价值。

图书在版编目(CIP)数据

别说你懂员工培训：老HRD为你独家传授培训要诀 / 陈蔚著. —北京：中国法制出版社，2019.10

（名企 HRD 管理案例系列丛书）

ISBN 978-7-5216-0541-9

Ⅰ. ①别…　Ⅱ. ①陈…　Ⅲ. ①企业管理—职工培训
Ⅳ. ①F272.921

中国版本图书馆CIP数据核字（2019）第194745号

策划编辑：潘孝莉（editorwendy@126.com）

责任编辑：潘孝莉　刘　悦　　封面设计：汪要军

别说你懂员工培训：老HRD为你独家传授培训要诀

BIESHUO NIDONG YUANGONG PEIXUN: LAOHRD WEINI DUJIA CHUANSHOU PEIXUN YAOJUE

著者 / 陈　蔚

经销 / 新华书店

印刷 / 三河市国英印务有限公司

开本 / 730毫米 × 1030毫米　16开　　印张 / 15.75　字数 / 198千

版次 / 2019年10月第1版　　2019年10月第1次印刷

中国法制出版社出版

书号ISBN 978-7-5216-0541-9　　定价：59.00元

北京西单横二条2号　邮政编码100031　　传真：010-66031119

网址：**http://www.zgfzs.com**　　**编辑部电话：010-66073673**

市场营销部电话：010-66017726　　**邮购部电话：010-66033288**

（如有印装质量问题，请与本社印务部联系调换。电话：010-66032926）